UN SECRET DE FAMILLE

MAUREEN WOOD

Traduit de l'anglais (Royaume-Uni)
par Michel Rivary

City
Témoignage

© **City Editions 2021**, pour la traduction française
© Maureen Wood 2020
Publié pour la première fois en langue anglaise par HarperElement,
une marque de HarperCollinsPublishers sous le titre *A Family Secret,*
My schocking true Story of surviving a childhood in Hell.
Photo de couverture : Shutterstock/Studio City
ISBN : 978-2-8246-1945-3
Code Hachette : 82 3375 7

Collection dirigée par Christian English et Frédéric Thibaud
Catalogues et manuscrits : city-editions.com

Dépôt légal : Novembre 2021

Ce livre est dédié à mon ange,
Christopher, et à toutes les victimes
silencieuses de maltraitance.
J'espère qu'il les aidera à trouver une voix.

Prologue

Aucun doute là-dessus, je faisais désormais partie des privilégiés. Affalée dans le siège passager de la voiture, les pieds en éventail sur le tableau de bord, je buvais un jus de fruit en me prenant pour la reine du monde. Ce qui était un peu le cas, d'ailleurs.

En jetant un coup d'œil derrière moi, j'ai vu mes enfants, *presque* tous mes enfants, sur la banquette arrière, qui bavardaient avec excitation, entre l'euphorie des vacances et la fatigue des longs voyages en voiture.

— Vivement qu'on aille à Harry Potter World ! s'écriait Naomi. Imagine quand on sera dans le chemin de Traverse !

J'ai souri. Ils avaient bien mérité cette joie.

Et puis, subitement, comme emportée par une rafale de vent, je me suis retournée vers le passé, où m'attendait un autre de mes enfants. Celui qui avait rendu tout cela possible. Celui qui me manquait encore aujourd'hui.

***

Le soleil était déjà levé à cinq heures quarante-cinq ce matin-là de juillet quand Louise était venue me prendre. J'étais prête, je faisais les cent pas dans le salon, à cran. Je n'ai pas dit le moindre mot pendant le trajet ; il me semblait plus respectueux de rouler en silence. Et soudain, lorsque nous nous sommes garées, j'ai aperçu les lumières et la tente blanche autour de la tombe de mon bébé. Le Bureau de l'intérieur nous avait clairement fait comprendre que nous n'étions pas autorisées à nous rendre au cimetière. Mais hors de question de ne pas y aller. C'était mon petit garçon à moi.

On nous avait donné pour instruction de nous garer de l'autre côté de la route afin de ne pas attirer l'attention sur le cimetière. Mais de là, par la vitre de la voiture, j'avais une bonne vue sur une partie éboulée du mur d'enceinte, alors j'ai regardé, effarée et pétrifiée, tandis qu'ils commençaient à creuser. Les équipes médico-légales dans leurs combinaisons blanches d'astronautes attendaient, tels des croque-morts venus de Mars, qu'on fasse remonter mon bébé, Christopher, à la surface. Et tout à coup, il a surgi ; vu de l'endroit où j'étais, son petit cercueil ressemblait presque à un jouet.

— Maman est désolée, j'ai murmuré. Je suis tellement, tellement désolée, Christopher.

Pendant que des hommes déposaient son cercueil dans une camionnette grise, je revoyais ses grands yeux bleus innocents et je sentais l'odeur de sa peau, ses doigts minuscules enroulés autour de mon pouce. Un tsunami de douleur déferlait sur moi. Mon pauvre cœur brisé saignait de le revoir. La camionnette est partie avec son précieux chargement. Et avec lui, mes espoirs. La promesse de la paix de l'âme.

Christopher m'avait sauvée une fois, et maintenant, à vingt-cinq ans, je lui demandais de me sauver encore. Mon ange gardien revenu d'entre les morts m'offrirait l'occasion que justice soit faite.

1

— Je te présente ton nouveau beau-père, a dit ma mère, Maureen.

Elle a reculé d'un pas sur le quai pour l'admirer, puis m'a jeté un regard noir.

— Alors, m'a-t-elle relancée. T'as oublié tes manières. Dis bonjour.

J'ai dévisagé un long moment cet homme aux cheveux tirant sur l'orange, avec son air patibulaire. J'avais les phalanges blanches à force de serrer la poignée de ma valise. Les yeux baissés, je fixais un chewing-gum écrasé sur le quai.

— Bonjour, j'ai réussi à marmonner.

Ma mère a passé son bras autour de sa taille avec un grand sourire et nous les avons suivis en tirant nos valises, le cœur lourd. Loin de la gare, loin de tout ce que nous connaissions, vers une nouvelle vie.

Je me rappelais à peine la dernière fois que j'avais vu ma mère. Elle s'était séparée de mon père biologique, John Donnelly, alors que je savais à peine marcher. Et à Noël 1975, elle nous avait largués, mon grand frère Jock et moi, chez nos grands-parents paternels, William et Eliza Donnelly. J'avais cinq ans. Malgré l'absence de ma mère, j'avais été plutôt heureuse. Mes grands-parents étaient chaleureux, gentils, et ils s'assuraient que nous ne manquions de rien. J'ai de vagues souvenirs également d'une tante qui me mettait du vernis sur les ongles des pieds et qui jouait à la poupée avec moi. Comme j'étais la petite dernière, j'étais choyée.

Mais l'année suivante, on nous a envoyés vivre dans un foyer catholique, la Maison de Nazareth à Glasgow. Là, nous avons retrouvé nos deux autres sœurs, toutes les deux plus âgées que moi. Même si j'étais heureuse que nous soyons tous réunis, l'affection toute simple de mes grands-parents me manquait. L'emploi du temps à la Maison de Nazareth était réglé comme du papier à musique, presque militaire. Le foyer était géré par des religieuses qui parlaient peu et souriaient encore moins. Nous étions debout très tôt pour dire nos prières, puis nous devions nous habiller, manger, puis aller nous agenouiller à la chapelle à huit heures. Quand nous arrivions à l'école, nous étions déjà épuisés. Et à notre retour, il y avait encore des prières, le repas, les corvées, puis le lit. Personne ne faisait le moindre écart de comportement, il n'y avait pas de place pour la fantaisie. Nous étions en permanence sous la surveillance vigilante des nonnes.

Je dormais dans un grand dortoir pour les filles avec mes sœurs. Nous avions chacune un petit lit étroit avec un matelas trop fin, plus un placard minuscule pour ranger toutes nos affaires. Le dortoir des garçons se trouvait le long d'un autre couloir, et ils s'asseyaient dans le coin opposé du réfectoire, si bien que nous voyions rarement notre grand frère Jock. Notre mère venait de temps à autre nous rendre visite, mais jamais notre père sauf une fois, une exception qui semble appartenir à un passé mythique. Nous ne devions pas le revoir avant de longues années après cela.

Racontée de cette façon, cette existence semble pitoyable et triste, mais c'était tout le contraire. J'aimais ce foyer. Je préférais la rigidité et la prévisibilité qui y régnaient au chaos et à l'incertitude que j'associais à ma mère. À la Maison de Nazareth, au moins, j'étais nourrie et je n'avais pas froid. Les religieuses étaient sévères et austères, certes, mais toujours justes et raisonnables. Je n'avais jamais le sentiment d'être prise à partie pour rien. Je ne me sentais jamais harcelée, ostracisée ou malmenée. La vie était dure, certes, mais c'était notre lot commun. Nous étions tous dans le même bateau, et cette rudesse collective avait quelque chose de réconfortant. Il y avait de l'entraide et de la camaraderie avec les autres filles. Nous n'avions pas de gâteau d'anniversaire ou de chaussures neuves, et personne ne nous lisait d'histoires avant de nous endormir, mais nous pouvions compter les unes sur les autres. On riait, on se poursuivait dans les longs couloirs, on se chatouillait alors qu'on aurait dû prier, on se racontait des histoires de fantôme à la nuit tombée pour jouer à se faire peur. J'étais heureuse au fond, jour après jour, grâce à cette vie routinière. Ce lieu m'apportait de la sécurité, et je m'y étais attachée. Je ne le savais pas, mais ce foyer pour enfants, avec ses nonnes distantes et son dortoir glacial, serait le dernier endroit où je me sentirais en sécurité avant longtemps. Je savais à quoi m'en tenir avec les sœurs. Je savais ce que j'avais à faire et où je devais être à chaque heure du jour. Et pour un enfant, cette certitude vaut de l'or.

Bien sûr, je ne m'en rendrais compte qu'après qu'on me l'ait arrachée.

Trois ans plus tard, en 1978, ma mère a débarqué sans prévenir pour nous retirer du foyer et nous entraîner dans la nouvelle vie qu'elle s'était faite et à laquelle elle comptait que nous nous habituions sans nous plaindre.

— Allez, a-t-elle dit en frappant dans ses mains tandis que nous sortions de la Maison de Nazareth. Un long voyage nous attend.

En montant dans le train à la gare de Glasgow, j'étais partagée entre excitation et angoisse. Prendre le train était en soi une expérience grisante : traverser en trombe des villes dont je n'avais même jamais entendu parler, apercevoir des bribes du monde extérieur dont nous avions été privés derrière les grandes portes de la Maison de Nazareth où nous vivions comme dans un cocon.

À notre descente à Stoke-on-Trent, notre nouveau beau-père, John Wood, nous attendait. Nous avions un petit frère, aussi. Tout était différent.

La maison était une maison mitoyenne de trois chambres, dans un faubourg proche du centre-ville. Nous avons vite pris nos marques, et nous n'avions pas d'autre choix de toute façon. Maman n'était pas du genre très patiente, comme nous l'avons rapidement remarqué. Elle travaillait dans un pub ; John, lui, était mineur. Ils rentraient souvent tard le soir, ce qui nous donnait des occasions rêvées de nous déchaîner.

Nous étions l'été 1978, c'étaient les vacances, nous n'avions pas d'école. Pas de contraintes, pas de routine. N'avoir ni obligations ni personne à qui rendre des comptes était exaltant, quoiqu'un peu intimidant. J'avais sept ans et l'impression d'être libre comme jamais je ne l'avais été.

Au départ, nous avons dormi tous les cinq dans un lit double. Puis de nouveaux meubles ont été livrés et j'ai partagé des lits superposés avec l'une de mes sœurs – j'avais la place du bas, et même si ça me valait des ennuis, mes draps étaient toujours en boule.

— Tu ne peux pas faire ton lit comme tes sœurs ? se plaignait ma mère. Il faut toujours que tu poses des problèmes. Toujours.

J'adorais arracher les fils du couvre-lit, étendue sur mes couvertures. Quand elle voyait les fils par terre, ma mère me donnait une petite calotte, mais c'était une habitude due à la nervosité et je n'arrivais pas à m'arrêter.

Nous avions tous un rosaire dans le tiroir de notre bale de chevet, et nous faisions la prière tous les soirs. J'attendais avec impatience la messe du dimanche ; maman n'aimait pas aller à l'église, mais j'y allais toute seule avec plaisir. J'aimais le côté routinier, familier, de la liturgie, qui me rappelait la Maison de Nazareth.

Maman travaillait beaucoup, avec des horaires à rallonge, mais quand elle était à la maison elle faisait régner l'ordre et la discipline. Nous mangions tous ensemble autour d'une grande table en pin, dans un silence pesant. Après le dîner, on avait le droit d'aller jouer dans la rue.

— Jusqu'à ce que les réverbères s'allument ! criait ma mère dans notre dos. Pas une minute de plus !

Il y avait beaucoup d'autres gamins de notre âge. On formait des équipes rigolardes, on jouait à chat, au foot ou au base-ball sur un grand terrain au bout du quartier, ou à la balle contre le mur à l'arrière de la maison.

— Si j'entends encore cette balle, je vais vous mettre un coup de pied aux fesses si fort que vous ne pourrez pas vous asseoir pendant un mois.

On ne la voyait pas mais on l'imaginait, la main sur les hanches, secouant son index, rouge de colère. On ricanait, à l'abri derrière le mur, en brandissant un index moqueur pour faire bonne mesure. Ma meilleure amie, Joanne, vivait de juste en face de nous, de l'autre côté de la rue. On jouait à la corde à sauter, ou bien on organisait des goûters pour nos poupées sur le trottoir. Quand nous avons grandi, nous nous sommes risquées à sonner aux portes avant de décamper ventre à terre en riant. Il nous a fallu rassembler tout notre courage avant d'oser frapper à notre première porte, mais une fois le pas franchi, nous passions devant toutes les maisons et frappions à chaque porte en riant comme des baleines, le souffle court. Une femme en chaussons nous a même poursuivies dans la rue une fois, elle nous criait dessus, impuissante. Une autre fois, l'un des voisins nous a aspergées avec son tuyau d'arrosage pour nous punir. Nous nous sommes retranchées derrière une poubelle, hilares. Je n'ai jamais été cheffe de bande ; j'étais timide, je me contentais de suivre les plus grands, mais j'adorais nos facéties. Il n'y avait rien de plus drôle pour tous les gamins que d'embêter les adultes et de les voir exploser comme des feux d'artifice.

Les jours étaient longs et ensoleillés, le bonheur n'avait pas d'ombre. Nous étions bien nourris, bien habillés ; maman y veillait. Nous avions un petit chien, Bizut, et un chat baptisé Klaxon. Aux yeux du monde extérieur, nous étions ordinaires, une famille tout ce qu'il y a de plus banal. Le soir, avant d'aller au lit, nous passions du temps dans le salon qui courait sur toute la longueur de la maison, avec le poêle à charbon au centre. Le charbon étant gratuit et abondant, grâce au travail de John Wood à la mine, nous étions au chaud. Physiquement, du moins. Pour le reste, nous n'y pouvions rien.

Septembre venu, la rentrée scolaire a été difficile. Le premier jour, j'avais le ventre noué par un mélange d'excitation et d'appréhension. Nous avions un fort accent écossais, dont j'avais déjà compris qu'il n'était pas toujours apprécié à Stoke-on-Trent. Quand je me suis levée en classe pour dire mon nom, j'aurais aussi bien pu parler swahili.

— Qu'est-ce qu'elle a dit ? a demandé un camarade à voix haute. On dirait du chinois.

La maîtresse, avec sans doute les meilleures intentions, m'a demandé où j'étais née. Mais ça n'a fait qu'empirer les choses.

— En Allemagne, j'ai répondu. Mon papa était dans l'armée.

Un chœur de huées s'est élevé dans la salle.

— Alors t'es une Boche ! ont-ils crié avec une joie mauvaise. Une nazie !

J'ai tenté d'expliquer que j'avais déménagé en Écosse quand j'étais bébé et que je n'avais aucun souvenir de l'Allemagne. Mais ça ne faisait aucune différence.

— On a une ennemie ici, à Stoke-on-Trent ! rigolaient-ils. Enfermez-la dans le placard à balais !

La plupart des enfants ont oublié cette histoire après le premier jour, sauf un garçon particulièrement méchant. Il m'a surnommée Hitler, et ça a duré pendant toute ma scolarité. Chaque fois que je passais devant lui, il me donnait un coup dans l'épaule ou me faisait le salut nazi.

Je suis restée discrète pendant des mois, me faisant très peu d'amis. Je cherchais le réconfort dans les livres, toutes les récréations étaient consacrées à lire Enid Blyton et Clive King. Je m'asseyais sur un banc dans la cour et plongeais le nez dans les aventures du *Club des Cinq*. Je m'oubliais complètement, me glissant dans la peau de mes personnages préférés, transportée dans une autre ville, une autre histoire, une autre vie. Mon favori était Claude, une fille un peu garçon manqué qui se mettait toujours dans le pétrin. Mais elle était courageuse et forte, et une partie de moi enviait sans doute son courage et sa force. Au fil des pages, j'éprouvais des sentiments de victoire, de déception, tout. J'étais une gamine solitaire, et pas uniquement à cause de la méchanceté de certains enfants dans ma nouvelle école. Il était dans ma nature d'aimer la solitude. J'étais très heureuse sans personne. Et il n'y avait rien de mal à cela. Mais avec le recul, je me demande si c'est ce qui a fait de moi une cible. Si c'est cela qui a tout déclenché.

Ma mère et John Wood se sont mariés à Newcastle-under-Lyme, et ils ont donné une petite réception au pub local où maman travaillait. La fête était réussie. Je me souviens que je portais une robe neuve et que j'avais eu le droit d'inviter quelques copains et copines du quartier. Je suis restée plus tard que prévu. Et à partir de ce moment, on a tous appelé John Wood « papa ». C'était ce qu'on attendait de nous, et aucun de nous n'a objecté ou résisté. Enfin, aucun sauf Jock.

— Tu n'es pas mon père, lui disait-il avec colère. Et tu ne le seras jamais.

Jock avait douze ans, c'est-à-dire cinq de plus que moi, et déjà les hormones alimentaient son agressivité. Dès le début, il n'avait pas caché qu'il détestait papa. Jock était farouchement loyal à notre père biologique. Il y avait souvent des tensions entre Jock et papa. Jock refusait de lui obéir, il l'insultait souvent, et à part quand maman était à la maison, il n'en faisait qu'à sa tête.

— Tu n'as pas à me dire ce que je dois faire, s'emportait-il. Tu n'as pas le droit !

Papa ne faisait qu'un mètre soixante-dix, et il n'était pas particulièrement costaud. Même si Jock n'était pas encore plus grand que lui, il donnait l'impression de le dominer. Mentalement, en tout cas, il avait le dessus. Au cours d'une dispute, papa s'est cassé la main en voulant frapper Jock et en finissant le poing dans le mur. Maman a mis une rouste à Jock pour le punir de son comportement, et elle a fait preuve d'une telle violence qu'il a sans doute regretté de n'avoir pas plutôt la main cassée. Pour nous autres, c'était un incident assez comique, et on ricanait chaque fois qu'on passait devant le renfoncement dans le mur.

Je parvenais à échapper aux problèmes. J'aimais être tranquille, et quand j'étais à la maison, je passais l'essentiel de mon temps à lire. Je me réfugiais souvent au calme dans ma chambre, captivée par ma lecture, tandis qu'en bas les disputes faisaient rage. Papa était lui-même un lecteur assidu.

— On peut voyager à travers le monde entier grâce à un livre. S'évader de tout.

C'était à peu près la seule chose que nous avions en commun, lui et moi. Il appréciait de lire un classique de temps à autre, *Oliver Twist* ou *Les Grandes Espérances*, qu'il me passait ensuite. Mais il se passionnait surtout pour des romans d'épouvante ou policiers. Cela n'augurait rien de bon pour l'avenir, et par la suite cette ironie me donnerait le frisson.

Papa m'offrait régulièrement des livres de poche, surtout quand il était en congé, mais je n'avais pas le droit d'acheter de livres. Tout ce qui me tombait sous les yeux venait de l'école ou de la bibliothèque locale. En dehors de son amour pour les livres, qui ne cadrait pas vraiment avec le reste de son tempérament, papa était quelqu'un de terre à terre et de simple. Et à l'exception de ses empoignades avec Jock, il avait un caractère taciturne ; c'était maman qui criait à la maison. Son idée de s'évader de tout et d'élargir mes horizons grâce à la lecture me séduisait. Et le sentiment d'avoir un refuge, des heures durant, était une bénédiction pour moi. On me surnommait « Mo-Jo », mais maman m'a affublée d'un autre sobriquet, « Molle Jo », parce que je trébuchais sans cesse dans la maison à force de marcher le nez dans mes livres.

J'aimais bien avoir un surnom. Maman ne m'accordait pas beaucoup d'attention, et presque jamais d'affection. Elle n'était ni tactile ni démonstrative. Qu'elle m'ait trouvé un surnom signifiait qu'elle me voyait et que j'avais une place, même petite, dans le cours de ses pensées. Cela me donnait le sentiment d'exister, et je l'accueillais avec joie.

En dehors des disputes entre papa et Jock, c'était ma mère qui faisait régner la discipline dans la famille. Elle avait une poigne de fer, et ses punitions étaient bien souvent brutales. Le matin, nous devions parler à voix basse et marcher sur la pointe des pieds dans la maison. Réveiller ma mère, c'était réveiller un dragon ; elle devenait folle quand on l'empêchait de faire sa grasse matinée. Une fois, j'ai eu le malheur de la réveiller en faisant du bruit avec une de mes sœurs. Ma mère a dévalé l'escalier, furibarde, et m'a frappée au genou avec un tison. Quarante ans après, j'en porte encore la cicatrice.

Alors que nos vies avaient une facette chaotique et que nous passions une partie de notre temps à écumer les rues avec des bandes de gamins, elles étaient malgré tout très strictement encadrées. Nous avions des listes de corvées à accomplir : passer l'aspirateur dans les chambres, changer les draps, faire la poussière, passer les meubles à la cire, faire le repassage. Et ma mère ne se privait pas d'user de ses poings quand la tâche était bâclée. J'avais l'impression qu'une bombe de la Seconde Guerre mondiale sommeillait à l'étage. Il suffisait d'un mauvais geste pour la faire exploser à n'importe quel moment.

Nous avions un tableau de services accroché à la porte du garde-manger et devions nous acquitter de nos corvées dès que nous rentrions de l'école. Si nous allions jouer dehors avant de les avoir terminées, nous devions en répondre.

Un jour, à notre grand amusement, Jock a tout bonnement refusé de faire les siennes.

— Si tu veux que la salle de bains soit propre, nettoie-la toi-même, a-t-il lancé à ma mère.

Sous nos regards médusés, elle l'a attrapé par le cou et plaqué contre le mur. Elle ne mesurait qu'un mètre soixante mais Jock n'était pas de taille.

— Tu vas faire ce qu'on te dit ou je te tue, bordel !

J'étais tétanisée, mais j'y étais habituée et n'y ai pas prêté grande attention. Il régnait en permanence une atmosphère de terreur et d'incertitude à la maison, je m'y étais faite. Une autre fois, maman m'a demandé d'aller changer les draps des lits, mais à huit ans, mettre un oreiller dans sa taie était plus dur que je ne l'avais anticipé.

— Il faut que je fasse tout moi-même, espèce d'idiote ? a grondé ma mère.

Elle m'a mis un petit coup sec à l'arrière du crâne avant de me prendre l'oreiller des mains. J'ai ravalé mes larmes et appris à réaliser mes corvées conformément à ses attentes. Mais ce que je voulais vraiment, c'était apprendre à cuisiner. Dès toute petite, j'ai adoré la cuisine ; nous avions un grand évier en céramique, un égouttoir en bois et une vieille cuisinière noire. Je trouvais que c'était la pièce la plus agréable et la plus accueillante de la maison. Maman était bonne cuisinière, en plus ; elle aimait faire des gâteaux, essayer de nouvelles recettes.

— Je peux t'aider ? ai-je demandé en passant la tête par l'encadrement de la porte.

Mais elle me rembarrait comme si j'avais fait quelque chose de mal.

— Hors de ma cuisine, tout de suite ! Et ne reviens pas.

Là encore, je suis passée à autre chose sans m'appesantir. J'étais habituée à sa façon de faire. Pourtant, quand elle avait terminé de cuisiner, elle nous appelait toujours pour faire la vaisselle et tout ranger. Ma sœur lavait, j'essuyais. Le partage des corvées aurait pu nous rapprocher, nous unir, mais au contraire, cela nous éloignait, nous besognions en silence sous le regard scrutateur de ma mère.

Si je me méfiais de mes parents, j'idolâtrais Jock. C'était mon grand frère, je l'admirais et l'aimais de tout mon cœur. De tous mes frères et sœurs, c'était de lui que j'étais le plus proche. Pour moi il était le plus grand, le plus fort, le plus courageux des frères. Je lui passais même ses sautes d'humeur ou ses bouderies. Je savais qu'il réservait ses pires coups de sang à notre père.

Un jour, comme je rentrais à la maison les yeux rivés sur mon livre d'Enid Blyton, un garçon plus âgé de l'école a commencé à se moquer de moi.

— T'es vraiment une tête à claque, toujours collée dans ton livre.

Et sans autre explication, il m'a mis un coup en pleine tête. Mon nez s'est mis à saigner abondamment. Le souffle coupé par la douleur, j'ai couru à la maison en sanglotant, l'uniforme taché de sang. Quand Jock m'a vue dans cet état, il a réclamé une explication, puis il a attrapé sa veste en cuir et est sorti retrouver mon agresseur.

— Je lui ai mis une dérouillée, m'a-t-il dit plus tard avec un calme absolu. Il ne t'embêtera plus. Ne t'inquiète pas, Mo-Jo.

Jock ne s'est pas vanté d'avoir réalisé un exploit sur ce coup ; il était connu pour aimer la bagarre dans le quartier, et les autres enfants avaient peur de lui. Mettre des coups de poing ne lui paraissait pas particulièrement grave. Il était grand par la taille comme par l'attitude. Le lendemain, sur le chemin de l'école, j'ai aperçu le garçon qui m'avait frappée ; il s'est éloigné en courant. Jamais plus il n'a posé le regard sur moi. Je faisais semblant de rien, mais au fond de moi j'étais heureuse et fière.

21

Je me sentais intouchable. Mon Jock, mon protecteur, avait rendu justice.

Quant à savoir si Jock l'avait fait pour moi ou simplement pour s'amuser, je ne le saurai jamais. Je n'y ai pas beaucoup pensé, sur le moment. J'étais juste contente de l'avoir à mes côtés, c'était fantastique. Mais, aussi émerveillée que j'étais par ses hauts faits, je n'avais pas envie de lui ressembler. Mon admiration avait un frein. Je sentais déjà, au fond, qu'il y avait en lui de noirs tourments qui menaçaient de l'engloutir. Mais pour l'heure, il était l'ado rebelle typique. Il portait un uniforme composé d'un jean serré, d'un maillot blanc et de Dr. Martens, et il passait l'essentiel de son temps avec les Sex Pistols le son à fond tandis que maman fulminait contre lui depuis le rez-de-chaussée.

— Éteins cette merde ! braillait-elle en vain.

Tant qu'elle ne montait pas devant sa porte, prête à en venir aux poings, il ne baissait pas le son. Parfois il allait un peu plus loin, il attendait qu'elle lui mette un coup avant de céder. Un jour, il est rentré de chez le coiffeur avec un sourire en coin et une crête d'Iroquois ; maman a piqué une crise, évidemment.

— Que vont dire les gens ?!

Mais Jock s'en fichait. Il avait tout le temps des ennuis, et il l'acceptait sans sourciller. L'autorité – pis, la menace de l'autorité – ne semblait pas avoir la moindre prise sur lui. Je me demandais s'il aimait vraiment toutes ces histoires perpétuelles.

À défaut d'être populaire à l'école, j'avais beaucoup de copains dans notre rue. Joanne et moi faisions partie d'une grande bande, et nous jouions souvent à la chasse à l'homme dans le terrain derrière les maisons, ou on allait nager dans un étang à côté. Une fois, je suis tombée d'une balançoire accrochée à une branche au-dessus de l'étang, et après cet épisode, j'ai vite appris à nager. Même si je n'avais que huit ans, j'adorais batifoler dans l'eau et plonger avec les plus grands.

La vieille dame qui nous aidait à traverser la rue devant l'école, Jane, avait un cœur en or, et elle préparait souvent un grand pique-nique pour nous tous les dimanches où il faisait beau. Un jour de juillet, au début des vacances de l'été 1979, il faisait une chaleur si étouffante que le bitume fondait dans la rue. La rue grouillait de gosses et de guêpes, les seuls à avoir encore de l'énergie dans cette fournaise. Les mères, vautrées dans des transats devant leur porte, s'éventaient avec des journaux roulés. Les pères, un mouchoir sur le front et les chaussettes retirées, vidaient des canettes.

— Bataille d'eau ! Bataille d'eau ! a crié un des garçons.

Il n'en a pas fallu davantage. Le mot s'est répandu comme un feu de broussaille parmi les gamins : en un éclair, tout le monde s'est mis à courir dans la rue pour aller remplir de vieilles bouteilles vides. Comme le débit en eau était capricieux à la maison à cause de la sécheresse, nous devions faire la queue à un robinet extérieur en haut de la rue. Une minute plus tard, la guerre était déclarée. On courait comme des dératés dans les ruelles, on se cachait derrière des clôtures, des poubelles, et on poussait des cris de ravissement et de frisson quand on nous aspergeait d'eau glacée.

Il n'y avait pas mieux. Mais quand la chaleur a commencé à baisser, comme j'étais trempée, j'ai eu envie d'un bain chaud. Une fois nos armes improvisées mises de côté en prévision d'une future bataille, le froid nous faisait frissonner malgré l'excitation.

En grimpant à l'étage, j'ai entendu du Pink Floyd très fort qui venait de la chambre de Jock. Sa porte était fermée, comme toujours. Il bouillait trop d'une colère sourde pour s'amuser à des jeux d'eau. Je me suis glissée dans la salle de bains, ai fermé la porte derrière moi et me suis déshabillée, ne gardant que mes sous-vêtements. À ma surprise, la porte s'est rouverte sur Jock, qui est resté planté devant moi.

— Qu'est-ce que tu veux ? j'ai dit en refermant mes bras sur ma poitrine, soudain nerveuse.

Il n'a rien dit. Il s'est penché vers moi, a tendu la main vers ma culotte et a commencé à me toucher. Je savais que ce n'était pas bien, mais j'étais comme engourdie. La peur m'a envahie, et j'ai eu beau tenter de reculer, il s'est collé contre moi.

— S'il te plaît, ai-je imploré d'une voix faible. Arrête, s'il te plaît.

Il s'est écoulé une éternité avant que Jock ne retire sa main. Puis il m'a regardée droit dans les yeux :

— Si tu en parles, on sera placés et ce sera de ta faute.

Il est retourné d'un pas lourd dans sa chambre et je suis restée à me demander en frémissant ce qui venait de se passer. Prise de nausée, je me suis précipitée dans ma chambre, puis j'ai claqué la porte derrière moi et sangloté pendant des heures sur mon lit.

Quand maman est arrivée, elle n'a eu aucune patience avec moi :

— Pourquoi tu pleures ? Qu'est-ce qui se passe, bon Dieu ? Tu vas arrêter de faire tout ce raffut, oui ?

J'ai tout juste réussi à répondre :

— Je ne sais pas, je ne sais pas.

— Eh bien, je vais te donner une bonne raison de pleurer si tu n'arrêtes pas tout de suite !

J'étais incapable de mettre des mots sur ce qui m'était arrivé. Et même si j'avais eu les mots, je n'aurais pas pu me confier à elle. Elle n'était pas ce genre de mère. Et d'ailleurs, j'avais la responsabilité de protéger le reste de la famille. Jock ne m'avait-il pas menacée que nous soyons de nouveau placés ? Alors j'ai enfoui cette affaire loin dans mon esprit, convaincue que ça n'arriverait plus, que c'était une sorte d'aberration. Et quand j'ai vu Jock le lendemain, il était parfaitement normal. Pour un peu, je me serais imaginé qu'il ne s'était rien passé.

Quelques semaines plus tard, maman nous a envoyés ramasser des mûres pour faire une tarte. Elle était truffée de contradictions : d'un côté elle nous sanctionnait pour la moindre incartade, de l'autre elle nous concoctait des plats merveilleux et insistait pour qu'on mange tous ensemble à table à dix-sept heures pile chaque soir. Après quoi nous avions champ libre pour jouer et nous bagarrer. Mais nous avions des responsabilités, et maman était imprévisible.

Ce jour-là, nous sommes allés à Black Bank, un coin près de chez nous qui était connu pour les grosses mûres sauvages qui y poussaient. Le chemin longeait l'étang, puis sinuait à travers fougères et hautes herbes jusqu'à un grand remblai. Pour moi qui étais toute petite, on aurait dit une forêt interdite. Nous étions toute une bande de gamins de la rue à cueillir des mûres. C'était une belle journée dehors. À un moment, alors que nous étions occupés à chercher les fruits, j'ai vu Jock se rapprocher discrètement de nous. Puis il m'a prise par le bras et m'a entraînée à l'écart, au milieu des fougères. Nos amis n'y ont pas fait attention, ils ont dû supposer qu'il voulait me parler en privé. De toute façon, ils connaissaient tous sa réputation, et aucun d'eux n'aurait osé lui poser la moindre question. Moi, j'avais la gorge serrée.

— Qu'est-ce que tu fais ?

Ma voix était plus faible et geignarde que je ne l'aurais voulu. Je n'étais pas de taille à m'opposer à lui. Une fois à l'écart, il m'a poussée par terre, s'est allongé près de moi et a relevé ma jupe. J'ai serré les dents et retenu mon souffle tandis qu'il baissait ma culotte et glissait brutalement un doigt en moi.

— Tu me fais mal ! Laisse-moi tranquille ! S'il te plaît, Jock, arrête !

— J'aime trop ça, a-t-il répondu en grognant.

J'ai tenté de le repousser mais il était trop fort. Il respirait fort, avec un léger râle. Il ne se ressemblait plus. Je ne reconnaissais pas mon frère. Dans mon esprit d'enfant, c'était un monstre, un ogre, un croque-mitaine, rien à voir avec mon frère. Au loin, j'entendais les autres crier et rire. Mais ils auraient aussi bien pu être au bout du monde. J'ai eu l'impression que ça durait des heures. En réalité, il n'a dû s'écouler que quelques minutes. Quand il a eu terminé, Jock s'est relevé et est parti d'un pas tranquille. J'ai remonté ma culotte d'une main tremblante, les cuisses griffées par les herbes, tandis que des larmes roulaient sur mes joues.

Incapable d'affronter le regard des copains, je suis partie dans l'autre sens, l'esprit assailli par les images des souffrances que Jock venait de m'infliger. J'avais l'impression d'être en feu. Mais j'ai fini par faire demi-tour pour aller cueillir quelques mûres car je savais que j'aurais des ennuis si je rentrais les mains vides.

Pour la petite fille que j'étais, les coups de ma mère et les sévices de mon frère étaient plus ou moins du même ordre. J'étais trop jeune et innocente pour comprendre la différence. Je savais simplement qu'ils m'apportaient la douleur et que je devais les éviter à tout prix. L'agression dominait mes pensées sur le chemin du retour. Mais je n'ai jamais pensé à en parler à quiconque, et surtout pas à ma mère. Je savais très bien qu'elle n'écouterait pas.

Une fois, j'étais rentrée de l'école en pleurs parce qu'un autre élève m'avait frappée. Au lieu de la sympathie et du réconfort que j'espérais trouver, ma mère s'était mise à crier :

— Sors d'ici et va lui foutre une trempe, sinon, c'est moi qui vais te la donner. Et arrête de pleurer comme ça, bon Dieu. Tu me fais honte.

Je savais donc qu'il n'y avait pas d'espoir de ce côté-là.

La tarte aux mûres m'est restée en travers de la gorge quand nous nous sommes assis autour de la table. Jock ne me regardait pas, mais ça n'avait rien d'extraordinaire. Il restait toujours muré en lui-même.

Puis le temps a passé et j'ai réussi, encore une fois, à faire barrage à mes émotions. Je ne savais pas nommer ce qui m'était arrivé, je n'avais aucun moyen de l'exprimer, alors je l'ai bloqué.

Je ne me sentais plus en sécurité avec Jock. Mais il était toujours mon frère, et je l'aimais toujours. Que je le veuille ou non, je n'étais pas capable de changer cela.

2

Je ne me souviens plus si mon neuvième anniversaire, en octobre 1979, a été un jour heureux, car ce souvenir a été complètement éradiqué de ma mémoire. Il n'y a pas eu de fête, de cela je suis sûre, et la journée a dû se dérouler comme n'importe quelle autre : l'enchaînement interminable des corvées avant d'aller jouer dans la rue avec les autres enfants du quartier. Mais en plein milieu de nos jeux, maman m'a rappelée à la maison et m'a montré la radio.

— Tais-toi, écoute.

Nous nous sommes assises et avons attendu quelques instants, puis l'animateur de Radio Stoke a dit :

— Et maintenant, on souhaite un très bon anniversaire à Maureen Donnelly.

Mon visage s'est éclairé tandis que la radio jouait *Bright Eyes* d'Art Garfunkel.

J'étais enchantée. Comme maman n'était pas démonstrative, je me suis retenue de me jeter dans ses bras, mais j'étais ravie. Je me sentais quelqu'un de spécial. J'existais, j'étais aimée, désirée. Je suis retournée en courant voir les amis et raconter l'événement : j'étais tellement importante qu'on avait célébré mon anniversaire à la radio

— C'est vrai ! Il a dit mon nom. En entier.

Le soir, allongée sur mon lit, je lisais dans la maison vide, le cœur réchauffé par cette annonce radiophonique, quand Jock est entré discrètement dans ma chambre.

— Joyeux anniversaire. Tu as passé une bonne journée ?

J'ai eu une montée d'angoisse, suivie par une certaine confusion. J'ai souri. Il n'avait pas l'air menaçant. Avait-il oublié l'agression comme j'avais essayé de l'oublier ? Peut-être regrettait-il ? En tout cas, j'étais sûre que c'était du passé. Fini. D'ailleurs, c'était il y a deux mois, une éternité quand on a neuf ans. Ce que je comprends aujourd'hui, c'est que Jock prenait juste des précautions. Il attendait de voir si j'allais en parler. Il attendait que la maison soit vide. Il attendait le bon moment pour se jeter sur sa proie.

Jock s'est assis sur le lit :

— J'ai un cadeau pour toi. Un cadeau spécial pour ton anniversaire.

Excitée, j'ai laissé tomber mon livre :

— C'est quoi ?

Sans rien dire, Jock a baissé sa braguette et j'ai vu avec un frisson d'horreur une ombre passer sur son visage. Ce n'était plus mon frère. On aurait dit qu'un intrus tirait le rideau sur ses traits. Le monstre était revenu. Il a sorti son pénis de son pantalon et m'a dit :

— Voilà ton cadeau.

Et il m'a violée. La douleur, une douleur insoutenable, cruelle, totale, a submergé mon corps. J'avais l'impression qu'il me poignardait. Les yeux grands ouverts, je fixais la tapisserie rose et violette, les couvertures roses, les posters d'Abba au-dessus du lit de ma sœur. Je me souvenais que maman avait piqué une colère parce que j'avais tiré les fils du dessus-de-lit et je m'imaginais les tirer encore, un à un, toujours plus vite, pendant que mon frère me violait. Il portait une médaille de saint Christophe qui se balançait d'avant en arrière, tel un pendule. Je me concentrais sur cette médaille et ses reflets argentés. Pour finir, Jock s'est relevé et m'a dit « bon anniversaire » en refermant son pantalon.

J'étais prostrée sur le lit. J'avais mal et je saignais, en bas. Mon enfance était terminée. Et j'avais l'impression que ma vie l'était aussi. Les paroles de *Bright Eyes* sur la lumière qui brille si fort avant de s'éteindre tournaient en boucle dans ma tête, jamais elles n'avaient été aussi appropriées.

Jock est sorti et il a mis la musique à fond dans sa chambre, juste à côté de la mienne. Pink Floyd. J'ai couvert mes oreilles de mes deux mains, terrifiée. Pour le restant de mes jours, cette musique serait associée à une souffrance infinie. Je suis allée prendre une douche pour me nettoyer de tout, le sang, la honte, la répulsion. Mais j'avais beau frotter, ma peau me démangeait. Je sentais son odeur. J'entendais son souffle. Je ne pouvais pas lui échapper. Et pourtant, je ne m'étais jamais sentie aussi seule. Ce soir-là, je n'ai pas réussi à me concentrer sur mon livre du *Club des Cinq*. Je n'arrivais plus à lire des histoires puériles avec des *happy ends*. Je ne pouvais plus être George, chasser pirates et contrebandiers, boire du soda et manger des sandwichs au bord de la mer.

L'enfant était morte en moi.

Une autre nuit, tard, je suis descendue à pas de loup boire quelque chose dans la cuisine. Je faisais des cauchemars horribles depuis que Jock m'avait violée et je me réveillais souvent en proie à l'angoisse. Les boissons chaudes avaient le don de me calmer, en général. Même si je ne savais pas à l'époque ce qui m'était arrivé. Je n'avais pas les mots pour le décrire.

Tout le monde dormait à la maison, à part mes parents qui étaient tous les deux au travail : maman au pub, papa à la mine. Alors que j'arrivais dans la cuisine, Jock est soudain sorti de l'ombre et il m'a ramenée de force dans le salon.

— Chut, a-t-il murmuré dans le creux de mon oreille.

Comme je commençais à hurler, paniquée, il a plaqué sa main sur ma bouche tout en me tirant derrière le grand canapé en L. Puis il a baissé ma culotte et la terreur s'est emparée de moi. Je savais ce qui allait suivre, et tout mon corps refusait de se soumettre.

— Arrête, Jock, non, essayais-je de dire entre ses doigts qui me bâillonnaient. Arrête, s'il te plaît.

Mais il avait de nouveau ce regard vitreux, comme s'il ne pouvait plus ni me voir ni m'entendre. La douleur a encore été insupportable, j'ai encore essayé de me concentrer sur autre chose, les coutures à l'arrière du canapé, la médaille de saint Christophe, le frottement du tapis contre mes jambes nues. Mais malgré les grognements de Jock et mon cœur qui cognait à tout rompre, j'ai entendu du bruit dans le couloir. Oui, il y avait quelqu'un. Une porte s'ouvrait.

— Quelqu'un arrive, j'ai haleté, envahie par la peur et le soulagement.

Je pensais que Jock allait arrêter, paniquer, s'enfuir, mais il en semblait incapable. Son expression figée, déterminée, n'a même pas changé. Une seconde plus tard, papa est arrivé à côté de nous, au bout du canapé.

— Qu'est-ce qui se passe ici ? a-t-il crié.

C'était le choc dont Jock avait besoin. Il a repris ses sens, s'est mis debout et a fermé son pantalon. Mes petites mains tremblaient tandis que je remontais ma culotte, rouge de honte, comme si c'était moi qui étais en faute.

— Va te coucher, Maureen, s'est contenté de dire mon père.

Il n'a pas eu besoin de le dire deux fois. J'ai couru dans ma chambre à l'étage et me suis jetée sur le lit en me couvrant totalement sous les couvertures, cherchant désespérément le réconfort. Jock, en bas, devait affronter ce que j'espérais être la plus dure des punitions.

Cette nuit-là, j'ai pleuré jusqu'à l'épuisement avant de m'endormir. Comme d'habitude. Mais cette fois, c'étaient des larmes de soulagement, un baume sur mes pauvres petites joues. Mon cauchemar était fini.

Le lendemain matin, je me brossais les dents quand ma mère est entrée dans la salle de bains et m'a coincée contre le lavabo. À ma grande stupéfaction, elle m'a giflée violemment.

— Espèce de petite pute ! Sale petite allumeuse !

Je ne comprenais pas. La main sur ma joue rougie, je l'ai entendue me reprocher d'avoir encouragé Jock. J'étais aussi condamnable que lui.

— Tu ne devrais pas t'amuser à des jeux pareils avec ton frère, m'a-t-elle grondée. Si je vous reprends à coucher ensemble, tu vas avoir des ennuis.

C'était inimaginable. Je me sentais dévastée, piétinée. À neuf ans, j'aurais été incapable d'allumer un garçon, et encore moins mon propre frère. Qu'avais-je fait ? Mais je n'avais pas les connaissances et les mots pour expliquer ce que je vivais. Je savais instinctivement, de toutes les fibres de mon corps, que Jock avait mal agi. Alors pourquoi était-ce à moi d'encaisser les reproches ?

— Je suis désolée, ai-je dit d'une voix lamentable. Je suis désolée, maman.

— Tu peux, ma fille, a-t-elle répondu avant de sortir en claquant la porte.

Malgré la bizarrerie de cette réaction, j'espérais que cet épisode mettrait un terme à cette horreur et que j'aurais la paix. Jock n'oserait plus m'approcher, pensais-je, et je pouvais laisser tout cela derrière moi. Mais deux semaines plus tard, je me suis réveillée avec la fièvre, une sensation de brûlure dans la gorge. Au réveil, je pouvais à peine déglutir.

— On dirait que tu as une angine, a dit ma mère en regardant dans ma bouche grande ouverte.

— Je ne peux pas aller à l'école, ai-je gémi. Je me sens mal.

J'adorais l'école. Je n'aurais jamais demandé à rester à la maison si ça n'avait pas été absolument nécessaire.

— Oui, mais je ne peux pas m'occuper de toi, s'est plainte ma mère. J'ai des choses à faire dehors. Et ensuite, je vais au travail.

Il se trouvait que papa travaillait de nuit, donc nous sommes restés tous les deux à la maison. J'ai passé la journée au lit, et durant la matinée j'étais trop souffrante même pour lire. J'avais déjà du mal à avaler un peu d'eau. Dans l'après-midi, il est venu dans la chambre.

— Comment tu te sens, Mo-Jo ?

J'ai esquissé un faible sourire.

34

— Pas trop mal, merci. Un peu mieux, je crois.

Il avait l'air grave, le front plissé, ses cheveux roux en bataille. Il sentait le déodorant et la transpiration, une odeur familière, réconfortante. Attachante, même. Mais soudain il s'est assis sur le lit, assez près de moi pour que je sente son haleine, et j'ai vu Jock assis au même endroit, et une alarme s'est déclenchée dans ma tête. Je ne bougeais plus, figée par la terreur, tandis qu'il passait sa main sur ma jambe de haut en bas, toujours plus haut, plus près de ma culotte. De haut en bas. De haut en bas. C'était comme la médaille de Jock qui oscillait d'avant en arrière, d'avant en arrière. Puis il a baissé son pantalon et m'a forcée. Sa masse m'écrasait, me faisait suffoquer. La douleur était horrible, j'avais l'impression que mes organes étaient écrasés, broyés. C'était une violence si intense que je ne pouvais même pas crier. Toute mon énergie suffisait à peine à respirer. À survivre. Et puis, alors que j'étais sur le point de m'évanouir, je me suis sentie flotter au-dessus du lit, loin de John Wood, loin de l'horreur. Sans un bruit, je laissais la souffrance à une autre moi que je regardais, mi-hypnotisée, mi-horrifiée, tandis qu'il me violait. Je m'éloignais toujours plus.

Loin, très loin, dans les tréfonds de mon esprit, j'étais assise sous un arbre et je lisais un livre du *Club des Cinq* avec le soleil sur mon visage. Je sentais les feuilles bruisser autour de moi. Je sentais la sève. J'étais toujours une petite fille.

Après, il a frotté sa barbe rousse en disant :

— T'inquiète pas, je me suis fait stériliser.

Ça ne voulait rien dire pour moi.

Il est sorti de la chambre en refermant sa ceinture. Il avait l'air en colère. Comme si c'était ma faute. Encore.

Je brûlais de l'intérieur, je me sentais déchirée. Je suis descendue du lit, qui était couvert de sang, et suis allée sous la douche me frotter à m'en arracher la peau. Trois jours plus, j'ai eu mes premières règles. Mais comme je n'avais reçu aucune éducation sexuelle, j'ai regardé ma culotte avec incrédulité, persuadée que quelque chose était cassé en moi. Mon corps n'aurait pas pu m'envoyer de métaphore plus claire.

Tous les matins, je partais à l'école avec soulagement. C'était ce qui rapprochait le plus d'un lieu sûr, désormais. Et j'adorais apprendre. J'étais douée à l'école, je m'intéressais à tout et je me tenais bien. Les professeurs m'aimaient bien, et mes camarades aussi dans l'ensemble. Un après-midi, alors que je rêvassais, le regard perdu au loin par la fenêtre, j'ai entendu quelqu'un ricaner derrière moi en même temps qu'une main se levait.

— Mademoiselle, mademoiselle ! Maureen Donnelly a du sang partout sur la jambe, mademoiselle.

Mortifiée, j'ai dû sortir de la classe devant tout le monde en essayant de cacher de mon mieux la grosse tache de sang sur ma jupe. Ma maîtresse avait toujours été gentille avec moi, mais en traversant seule dans le couloir, un frisson m'a parcourue. Je me demandais si elle en faisait partie, *elle aussi*.

Est-ce que tous les adultes étaient mauvais ? Les autres parents faisaient-ils tous à leurs enfants des choses dont on n'avait pas le droit de parler ? Je ne savais pas si on pouvait se fier à certains adultes. Le viol de John Wood m'avait perturbée au point que je ne voyais plus que malveillance autour de moi.

L'infirmière de l'école a appelé ma mère, qui a quitté la maison pour venir me chercher. Elle m'a jeté un regard noir, m'a poussée à travers la cour et une fois les portes franchies, m'a jeté : — Ce sont des règles, Maureen. Tout le monde en a. Va falloir que t'y fasses. Et tu n'as pas intérêt à tripoter ton frère. On n'a pas envie d'avoir un bébé à la maison.

Elle m'a ramenée à la maison, m'a jeté un paquet de serviettes hygiéniques, puis a quitté la maison sans rien ajouter.

Le lendemain, j'ai fugué. Je ne l'avais pas prévu. Je ne l'ai même pas voulu. Ça m'a pris par surprise : en rentrant de l'école, je suis passée devant notre maison sans m'arrêter. Ce n'est pas que je voulais m'enfuir, plutôt que je n'arrivais pas à me forcer à rentrer. La plupart des enfants craignaient l'école ; moi, c'était la maison que je craignais. Je redoutais de me jeter dans la gueule du loup.

Ce jour-là, j'ai continué à marcher, laissé le portail derrière moi, et au bout de la rue, j'ai poursuivi ma route jusqu'à rejoindre un parc. Pas le parc du quartier, où je savais qu'on me retrouverait facilement. Un autre, à l'autre bout de la ville. Je me suis assise sur une balançoire pour lire *The Railway Children*, un classique de la littérature pour enfants britannique. Page après page, chapitre après chapitre, je me suis oubliée en me plongeant dans un autre monde. Quels que soient les dangers qui rôdaient dans ce parc, ce n'était rien par rapport à ceux qu'il y avait à la maison. J'étais partie depuis peut-être trois heures quand un policier m'a tapé sur l'épaule.

— Tu es Maureen Donnelly ?

Je l'ai regardé, plus impressionnée qu'effrayée.

— Comment vous le savez ?

— Tes parents sont très inquiets, m'a-t-il dit gentiment. Viens, rentrons à la maison.

Je n'avais pas le choix : je me suis levée, et en le suivant jusqu'à sa voiture, j'avais envie de tout lui raconter, de partager avec lui l'horreur de mon existence. J'avais envie qu'il me pose des questions. « Alors, comment ça se passe à la maison ? Et ton beau-père, il est gentil avec toi ? »

Si seulement il m'avait demandé, j'aurais pu lui répondre. Mais il n'a rien dit, et moi non plus. On est arrivés à la maison, je me suis armée de courage. Je savais que j'étais en sécurité tant que le policier était là, mais dès son départ, j'ai été bonne pour une raclée, avec maman qui m'a poursuivie de ses coups jusque dans l'escalier.

— Ça t'apprendra !

Mais non, ça ne m'a pas appris. Cette fugue a été la première d'une longue série. Je m'enfuyais souvent, soit par désespoir, soit par esprit de bravade. Parfois, j'avais juste envie de voir si je manquerais à quelqu'un – et c'était rarement le cas. Tout valait mieux que la maison. J'apprenais à toute vitesse qu'on ne peut pas faire confiance à sa famille. Et que je n'étais pas en sécurité sous notre toit.

3

Je n'étais pas proche de mes frères et sœurs. C'était peut-être ma faute, ou peut-être notre faute à tous, mais maman faisait tout ce qu'elle pouvait pour que ça ne change pas. On mangeait en silence. Nous n'avions pas le droit de parler, de rire, de nous lier. Elle nous montait les uns contre les autres, punissant l'un pour les bêtises de l'autre. C'était coups sur coups sur coups. Si l'un de nous oubliait d'épousseter un peu de poussière sur la table basse, tout le monde avait droit à la ceinture. Si l'un de nous avait un problème à l'école, tout le monde était enfermé dans les chambres.

— Ça vous apprendra, bande de corniauds ! hurlait-elle.

À l'époque, je ne comprenais pas pourquoi elle cultivait une telle animosité entre nous. Ça me semblait tordu. Mais avec le recul, je crois qu'elle ne voulait pas que nous soyons amis, que nous confiions les uns aux autres, que nous partagions nos secrets. Vu ce qui se passait, peut-être couvrait-elle aussi ses arrières. Mais moi aussi, j'étais responsable de cette distance. Je me recroquevillais sur moi-même, je m'isolais, ayant trop peur de laisser quiconque m'approcher. Je me méfiais des adultes et j'avais une peur absolue de tous mes proches. Plus j'avais de secrets à raconter, moins j'ouvrais la bouche. J'étais piégée dans un cycle pervers.

Après les premiers sévices, j'ai commencé à refuser de changer de vêtements. Je portais la même culotte pendant des jours d'affilée. Peut-être était-ce une tentative inconsciente de me rendre aussi peu désirable que possible. Ou alors je renonçais peu à peu à moi-même, je me retirais de la vie. Quoi qu'il en soit, mes frères et sœurs étaient assez logiquement dégoûtés.

— Espèce de dégueulasse, va te changer. Tu pues !

Loin d'être agacée par ces commentaires, je les accueillais avec bonheur. J'aimais être conspuée. Mise à l'écart. Seule. Je ne voulais plus faire partie de la famille. Je devenais méchante et colérique, caustique, et je prenais un malin plaisir à taper sur les nerfs de tout le monde.

— Je ne prendrai pas de bain et je me changerai pas, répondais-je. Et qu'est-ce que vous allez faire ?

C'était peut-être une manière de me soulager de ma peur. Je souffrais et je voulais que les autres souffrent aussi. Je n'avais pas les mots pour ce que je traversais, alors je faisais diversion. Ou alors je ne m'entendais vraiment avec personne, je ne saurais pas dire. J'étais une sorte de paria.

Juste avant mes dix ans, en rentrant de l'école un jour, j'ai trouvé un homme étrange assis dans le salon. Maman se tenait près de la cheminée, le visage fermé.

— Alors, tu ne dis pas bonjour à ton père ? a dit l'homme en se levant pour me saluer.

Je l'ai regardé avec perplexité.

— Papa est au travail, ai-je répondu.

Son visage s'est assombri et c'est là que j'ai compris qu'il s'agissait de mon père biologique. Il y a eu un silence gêné, puis une conversation hachée tandis que je restais sur le seuil, immobile. Après quoi il est parti et je ne l'ai jamais revu.

Aux yeux de tous, John Wood était un honnête travailleur. Il avait pris en charge cinq enfants qu'il élevait comme les siens. Il nous surveillait, nous tenait la main quand nous étions petits, s'assurait que nous nous brossions les dents, que nous allions à l'école et que nous fassions nos devoirs. Il méritait d'être respecté et admiré. Au pub du quartier, tout le monde l'aimait. Le genre d'homme sur lequel personne n'a rien à redire. Cette injustice était insupportable pour moi. Personne n'avait la moindre idée de ce qu'il était réellement.

Entre les murs de la maison, je vivais sur des charbons ardents, osant à peine exister. J'attendais la prochaine agression. Je savais qu'elle viendrait. Et je ne pouvais rien faire pour l'en empêcher.

Jock a disparu de la maison un jour, et ma mère nous a dit avec colère qu'il était « parti » parce qu'il s'était bagarré.

— Il ne reviendra pas, a-t-elle dit, un fin sourire aux lèvres. Il va devoir apprendre à se débrouiller tout seul.

Malgré tout, je n'ai pu m'empêcher d'éprouver de la compassion pour lui. C'était plus fort que moi ; il était mon grand frère. Mais j'étais surtout soulagée. Au moins, il ne pourrait plus me faire de mal. Pourtant, c'était comme échapper à un rat pour se retrouver face à un serpent venimeux. Et je n'avais nulle part où me cacher.

Le deuxième viol par John Wood a eu lieu dans ma chambre, comme la première fois. Nous étions seuls dans la maison.

Il m'a redit :

— Tu ne tomberas pas enceinte. Je me suis fait stériliser.

Je l'ai regardé sans comprendre.

— Une vasectomie, a-t-il expliqué. Cherche dans un de tes foutus livres.

Je ne savais absolument pas de quoi il parlait. Je ne savais pas comment on fait les bébés, et encore moins comment empêcher les grossesses. Tout ce que je savais, c'était que je nageais en plein cauchemar. Et ça a recommencé, encore et encore.

Au fil des semaines, j'ai fini par m'apercevoir qu'il ne passait à l'action que lorsque la maison était vide. Tant qu'il y avait du monde, j'étais en sécurité. Mais c'était un peu comme quand la marée monte ; tout a l'air d'aller bien, et soudain des signes de danger apparaissent. Une porte claque. Quelqu'un crie qu'il va faire un tour. Nous sommes seuls. Et la marée m'engloutit, je me noie, mes poumons crient grâce.

Chaque fois qu'il y avait une opportunité, il la saisissait. Les viols se déroulaient toujours dans ma chambre, et toujours avec la même routine. Ça ne durait pas très longtemps, même si j'avais l'impression du contraire. Et l'acte avait quelque chose de frénétique parfois, comme s'il avait peur d'être surpris. Il ne parlait jamais, sauf quand c'était fini, pour m'avertir de ne pas en parler.

— Sinon... menaçait-il, ses yeux pâles plantés dans les miens, son bouc frottant contre mes joues. Sinon, gare à toi, petite garce.

Et c'était fini. Il retournait en bas attendre le retour de ma mère. Moi, je restais dans le lit, pliée en deux sur ma douleur, étouffant de désespoir.

Peu après mon dixième anniversaire, je me suis levée une nuit pour aller aux toilettes.

Maman avait travaillé ce soir-là et John Wood était parti l'attendre au pub après le sien. Il faisait le portier là-bas quand il ne travaillait pas à la mine. La porte d'entrée a claqué quand ils sont rentrés. Je les ai entendus se mettre au lit, et quelques minutes plus tard, j'ai eu envie d'aller faire pipi. Comme je traversais le palier, j'ai entendu maman crier :

— C'est toi, Maureen ? Tu nous apportes un café et un thé, s'il te plaît ?

J'étais ensommeillée, je voulais juste retourner au lit, mais je savais que j'avais intérêt à obéir. Je suis descendue et j'ai allumé la bouilloire. Quand je leur ai apporté leurs tasses, maman a fait un signe vers la télé et m'a dit :

— Viens t'asseoir et regarder ça avec nous.

J'ai jeté un coup d'œil vers la télé, qui diffusait un film d'horreur de la Hammer.

— Je n'ai pas envie, je suis fatiguée, ai-je bougonné.

— Fais ce que je te dis, a-t-elle rétorqué d'un ton sec.

À contrecœur, je me suis mise dans le lit. Je me sentais mal à l'aise, nerveuse. Maman n'était pas tactile ni affectueuse, ça ne lui ressemblait pas du tout. Je ne me rappelais pas être jamais allée au lit avec elle auparavant. Le mélange d'odeurs de déodorant, de parfum et de bière me donnait la nausée. Je ne me sentais pas en sécurité. Mais je ne savais pas pourquoi.

Comme le film d'horreur était vraiment effrayant, au lieu de regarder la télé je laissais mes yeux me promener sur la commode, les placards, la moquette bleu-vert et les rideaux à fleurs jaunes. Ils avaient un couvre-lit assorti. Contrairement aux nôtres, leur lit avait une couette, invention récente. Je me souvenais avoir été jalouse quand ils l'avaient achetée. Mais maintenant que j'étais dessous, j'avais hâte de m'en aller. La moquette était d'une propreté immaculée, ce qui n'avait pas de quoi me surprendre vu que nettoyer leur chambre faisait partie de mes attributions. Mais l'ambiance n'était pas la même dans le noir, coincée entre ma mère et mon père.

Pour finir, j'ai dû m'assoupir malgré moi. Et quand je me suis réveillé, j'avais une sensation bizarre et horrible en bas. Soudain complètement réveillée, je me suis aperçue qu'il y avait des doigts en moi.

— Arrête, arrête, j'ai supplié. S'il te plaît.

J'ai regardé ma mère d'un air horrifié, en espérant qu'elle dirait à John Wood d'arrêter, mais elle a eu un rictus :

— Non, ça te plaît.

Et j'ai compris avec dégoût que les doigts en moi étaient ceux de ma mère. La bile m'est montée dans la gorge et j'ai essayé de me redresser.

— Qu'est-ce que tu fais ? j'ai crié. Arrête !

Mais ils ne m'écoutaient pas. John Wood observait, son long et fin visage tendu par la concentration, comme s'il regardait un film passionnant.

— Et maintenant, tu dois faire la même chose à ta maman, m'a-t-il ordonné.

J'ai secoué la tête et tenté de me débattre, mais il m'a pris la main et a glissé deux de mes doigts, avec deux des siens. Ma mère a commencé à gémir, et j'ai été prise d'un spasme.

— Je veux pas faire ça, ai-je imploré dans un sanglot.

Maman m'a fixée quelques instants, puis elle a dit à John Wood :

— Si tu veux coucher avec moi, tu dois commencer par elle.

Et c'est ce qu'ils ont fait. Il m'a violée sous le regard de ma mère, que j'entendais grogner et murmurer son approbation. Je me mordais la main, les yeux fermés, tandis que mon autre moi flottait à travers la pièce, dissocié de mon pauvre corps brisé. Mon autre moi était assis tranquillement sur la commode, il a lu un livre en balançant tranquillement ses jambes jusqu'à ce que tout soit terminé.

Et quand ça a été fini, ma mère a dit :

— Retourne te coucher, et n'en parle pas.

Je suis restée réveillée toute la nuit, et lendemain, sous le choc, j'attendais une annonce, une révélation. Mais maman n'en a pas parlé du tout. Elle est restée au lit à faire la grasse matinée, comme tous les dimanches matin, et puis m'a envoyée jouer dehors l'après-midi avec mes frères et sœurs.

— Soyez là à cinq heures pour le dîner.

Tout était normal. Je me suis même demandé si c'était moi qui devenais folle, si j'avais pu rêver toute cette scène. Le week-end est passé, il n'est rien arrivé d'extraordinaire. J'ai essayé de me dire que c'était juste une fois, comme j'avais fait avec Jock. Mais au fond de moi je savais que c'était faux.

Et bien sûr, deux semaines plus tard, maman est venue dans ma chambre et m'a secouée sans ménagement :

— Viens, m'a-t-elle murmuré. Réveille-toi et suis-moi.

Dans le couloir, derrière elle, mes larmes se sont mises à couler sur ma chemise de nuit et mes pieds nus. Je n'étais plus qu'à quelques pas de leur chambre. Jamais mettre un pied devant l'autre n'avait été aussi dur, j'avais l'impression d'aller à la potence. Mais en même temps, ça a été fini trop vite. J'aurais voulu marcher toujours. La scène était surréaliste. Ma mère portait une chemise de nuit tandis que John Wood avait enfilé un pyjama à motif cachemire. Ils ressemblaient à n'importe quel couple d'âge mûr dans une petite maison ordinaire. Pourtant ils n'auraient pas pu être plus anormaux, dépravés et inhumains. J'aurais voulu être ailleurs, être une autre petite fille dans une autre famille qui m'aurait aimée et voulue. Pas pour le sexe. Juste pour moi.

C'est devenu une horreur régulière. Un samedi sur deux, maman et John Wood me violaient et abusaient de moi dans leur lit. Ils me faisaient subir des horreurs inimaginables que je ne pouvais pas oublier, parce qu'elles brûlaient mon âme et ravageaient mon être. Je détestais que mon corps réagisse à leurs attouchements, j'avais le sentiment que mon corps me trahissait. Je haïssais tout cela, alors pourquoi mon corps disait-il le contraire ?

J'ignorais pourquoi cela se produisait un samedi sur deux, si ce n'est que cela correspondait aux changements d'équipe de John Wood. Mais je craignais cette souffrance prévue, organisée, l'alternance des week-ends de misère et de désespoir. L'un ou l'autre se glissait dans ma chambre au cœur de la nuit pour me réveiller. Ils se faufilaient dans mes rêves comme des vers gluants, me tiraient de mon sommeil et me faisaient venir dans leur antre maléfique. Très vite, les samedis de sévices, j'ai été incapable de fermer l'œil. S'il y avait un purgatoire à Stoke-on-Trent, il était là, dans mon lit superposé.

Au départ j'étais terrifiée. Je protestais, je me débattais contre cette perversité. Mais au fil du temps, je me suis résignée. Que pouvais-je faire ? Un dimanche matin, après une autre nuit entre leurs mains maudites, je me suis réveillée avec de telles douleurs que je pouvais à peine marcher.

— Je ne peux plus, ai-je pensé. Ça ne peut pas durer.

Je n'avais rien prévu de tel, mais je me suis retrouvée devant la porte, en pleine rue, sans savoir où aller. Je n'avais pas pris d'argent ni même de manteau.

Et malgré la douleur à chaque pas, mes souffrances agissaient comme un carburant pour marcher, elles me propulsaient en avant. Je me concentrais sur elles pour trouver la force de poursuivre. J'étais tellement désespérée que j'aurais marché avec les deux jambes cassées si je l'avais dû.

Plus tard ce jour-là, je me suis retrouvée devant une école, pas la mienne. J'ai escaladé le grillage et erré dans la cour. Je mourais de faim, mais ce n'était pas suffisant pour me forcer à rentrer. Et plus ça durait, plus le retour serait dur. J'imaginais déjà la colère de ma mère, et je refusais à l'affronter. Quand la nuit est tombée, j'ai réussi à entrouvrir la porte d'une réserve de charbon et à me glisser à l'intérieur. Là, il faisait noir mais chaud. Étrangement, je n'avais pas peur du tout. C'était loin d'être aussi effrayant que ma propre chambre à coucher. Je me suis endormie beaucoup plus facilement que je ne l'aurais cru. Et bientôt, une voix d'homme est entrée dans mes rêves.

— C'est une gamine, criait-il. Il faut appeler la police. Elle est sale, couverte de charbon.

Je me suis mise debout et il m'a aidée à sortir. Mes paupières ont battu dans la lumière crue du matin. C'était le gardien de l'école, qui allait bientôt accueillir les enfants.

— Tu devrais être à l'école, a-t-il dit. On va te ramener chez toi et tu vas prendre un bain chaud.

La police est venue. Elle ne s'est pas montrée très compréhensive. Ils savaient qui j'étais, j'avais déjà fugué. Je n'étais qu'une délinquante qui leur faisait perdre leur temps.

— Tu mets tes parents dans l'embarras pour rien, m'a dit méchamment le policier. Tu ne peux pas arrêter tes bêtises ?

Papa était au travail, mais maman était à la maison quand nous sommes arrivés. Elle était tout sourire avec le policier, mais dès qu'il a tourné les talons elle m'a fait tâter de sa ceinture.

— Ne recommence jamais ça, a-t-elle crié. Et maintenant, va mettre ton uniforme de l'école et hors de ma vue.

Je suis partie pour l'école avec un creux au ventre qui n'avait rien à voir avec le fait que je n'avais pas eu de petit déjeuner.

Deux samedis plus tard, ça a recommencé. Je ne voyais pas commencer en sortir. J'avais essayé de m'enfuir, j'avais essayé de protester. Si je pleurais, ma mère me balançait une gifle en me disant de me taire.

— Personne n'aime les pleurnichardes.

Ma seule défense, quand leur haleine alcoolisée souf-flait sur moi, était de quitter mon corps et d'assister à l'écart à la scène. Détachée, séparée, je pouvais demeu-rer impassible. Ne pas me sentir salie et meurtrie.

En me concentrant assez fort, j'arrivais à ne plus être présente du tout quand ils me violaient. Je flottais au-dessus du lit, puis je descendais l'escalier et j'allais flotter dans le salon. Je m'asseyais un moment à la table familiale, ou même j'allais fouiner dans la cuisine histoire de garder ma concentration. Je ne retournais pas dans mon corps tant que ce n'était pas terminé. Et donc, dans mon esprit d'enfant, ça ne m'arrivait pas vraiment. Pourtant, dans les heures d'esseulement qui suivaient, allongée dans mon lit, je me demandais pourquoi.

Était-ce ainsi que les autres parents montraient leur amour à leurs enfants ? Avais-je fait quelque chose de mal ? Je n'étais pas une enfant particulièrement sédui-sante, était-ce une forme de punition ? Ou alors c'était moi qu'ils aimaient le plus ? Étais-je responsable d'une manière ou d'une autre pour que cela tombe sur moi ? Je ne comprenais pas. Je devais tenter de comprendre, mais j'avais trop besoin d'être aimée. Je voulais croire que ces maltraitances venaient de quelque chose de bon, que j'étais aimée, voulue, chérie. Pourtant, chaque fois que ma mère m'effleurait, chaque fois qu'elle regardait son mari me violer, c'était un pas de plus en enfer. Sa trahison, plus que toute autre, me détruisait. C'était la trahison ultime.

Elle m'avait portée, donné la vie, elle avait poussé mon landau. Et désormais, jour après jour, elle me détrui-sait. Ces horreurs posaient les fondations d'une rela-tion complexe avec ma mère, qui allait alternativement menacer ma santé mentale et m'offrir de l'espoir. Elle était la maladie et le remède. Je la détestais et ne pouvais en même temps m'empêcher de l'aimer, peut-être dans une même mesure.

Quand ils en terminaient avec moi, je retournais dans ma chambre sur la pointe des pieds, et de manière incroyable, avec le temps, j'ai appris à ne plus y penser et à me rendormir. C'était un mécanisme de protection. Une manière de garder la tête hors de l'eau – mais de justesse. Le lendemain matin, je réprimais des haut-le-cœur en me brossant les dents, je devais enfouir les images monstrueuses qui refaisaient surface. Et l'anticipation, l'attente, était plus pénible encore que les scènes elles-mêmes.

Un samedi sur deux, la panique montait lentement. Je bouillais peu à peu. Pour moi, c'était insurmontable. Et ça me terrassait sans même que les autres s'en rendent compte. La vie continuait autour de moi, comme à l'ordinaire. Mes sœurs se chamaillaient et riaient. Nous mangions à cinq heures. Maman se préparait pour le travail. Elle s'habillait bien, en femme respectable. Était-ce par fierté pour sa propre apparence et pour sa famille ? Ou simplement pour éviter qu'on pose des questions, que personne ne voie en elle une sorcière en robe Marks & Spencer ? Et pendant ce temps, la tension montait, montait.

Toute la soirée, je jouais dans la rue ou je lisais avec une angoisse croissante qui me faisait comme un nœud coulant autour du cou – un nœud juste assez grand pour mon cou de petite fille. Et dans la chambre, pendant que mes sœurs écoutaient de la musique ou lisaient des magazines pour ados, je fixais la même page de mon livre pendant heures, l'estomac retourné, le cerveau en ébullition.

— Qu'est-ce qui t'arrive ? on me demandait. T'es bien calme.

Je n'arrivais pas croire que personne ne se soit rendu compte de rien. Si jamais il y a eu des soupçons, je n'en ai rien su. Mes sœurs n'ont-elles jamais rien deviné ? Aucune d'elles ne s'est jamais levée pour aller faire pipi ou boire un de ces samedis hideux ? Et parmi les voisins, les professeurs, personne pour remarquer que quelque chose clochait ? Je me demandais toujours si ce n'était pas moi la cause de tout. Peut-être cela arrivait-il dans toutes les familles, cela faisait partie de l'éducation, comme un rite de passage. Ou alors, me disais-je avec tristesse, il y avait la possibilité que les gens sachent mais préfèrent fermer les yeux. Parce qu'ils s'en fichaient.

N'ayant pas le choix, je me taisais. J'apprenais à l'accepter. J'étais une enfant prise dans le désir mauvais d'adultes pervertis. « Coucher avec les parents » est devenu une corvée de plus dont j'étais responsable, comme « passer l'aspirateur dans leur chambre » ou « nettoyer la cuisine ». Ça faisait autant partie de ma routine que dépoussiérer les rebords de fenêtre. Tragiquement dérisoire, mais horriblement vrai. Et en plus de ces atrocités bimensuelles, je devais aussi faire face à Jock. Même s'il avait quitté la maison, à quinze ans il continuait à y venir quand le reste de la famille était absent pour me violer.

Je l'entendais rentrer à l'arrière et monter les marches en appelant à la cantonade pour s'assurer que la maison était vide. Une fois sûr que nous étions seuls, il attaquait. Il saisissait la moindre occasion, dès que possible, il m'attrapait à Black Bank et me traînait dans les fourrés ou bien il me tendait des embuscades près de l'étang. Il m'emmenait toujours au même endroit, dans les fougères et les herbes folles. Même quand je jouais avec des amis, il trouvait assez d'audace pour me tirer hors du groupe. Et bien sûr, les autres n'y voyaient rien de mal. Pourquoi auraient-ils trouvé cela bizarre ? Qu'avais-je à craindre de mon grand frère ?

— S'il te plaît, Jock, non, sanglotais-je. Ne fais pas ça, s'il te plaît.

Je le suppliais, mais je n'essayais jamais de m'enfuir. J'étais trop effrayée et soumise, et je savais qu'il me rattraperait. Mon sort aurait été bien pire si j'avais tenté de lui échapper, j'en étais sûr. Et Jock, lui, ne disait rien. Je ne savais pas s'il savait que maman et John Wood abusaient de moi ni si eux étaient au courant de ce qu'il faisait en dépit de leurs mises en garde. L'idée d'être doublement prise pour cible – peut-être sans complicité ni connivence – avait de quoi m'affliger. Et me convaincre que j'y étais sans doute pour quelque chose.

Si j'étais ainsi violée par trois membres de ma famille, je ne pouvais pas y être pour rien. À l'évidence, j'avais mérité ce qui m'arrivait. Mais en quoi ? Je me sentais déshumanisée, brutalisée. Je n'étais qu'un bout de gras que se disputait ma famille. Et pourtant, je ne demandais qu'à être aimée.

4

Quelques mois après le début de cette barbarie, j'ai commencé à souffrir d'infections urinaires persistantes. Je souffrais beaucoup à la maison, ce qui ne semblait pas déranger ma mère, mais cela affectait aussi mon travail à l'école car je devais sans cesse sortir de classe pour aller aux toilettes. Et maman n'aimait pas que les professeurs posent des questions. Comme elle n'avait pas envie qu'ils s'interrogent sur notre famille, elle a pris rendez-vous chez le médecin. Mais bien sûr, j'en ai subi les conséquences.

— Tu ne fais que créer des ennuis, m'a-t-elle lancé.

J'ai vu plusieurs médecins sur quelques semaines, et comme les médicaments n'avaient aucun effet, j'ai fini par être orientée vers un urologue à l'hôpital. Maman étant au travail au moment du rendez-vous, c'est John Wood qui m'a accompagnée.

J'étais très angoissée de me retrouver seule avec lui. Je le voyais déjà me violer à un moment. Je savais qu'il y avait des lits à l'hôpital – allait-il m'enfermer dans une chambre pour me forcer sur place ? Je n'étais plus bien sûre de ce qui était ou non acceptable socialement. Je me ratatinais comme un animal effarouché chaque fois que sa main effleurait la mienne pendant le trajet en bus.

— Il va nous falloir un échantillon d'urine, m'a dit l'infirmière à notre arrivée.

Ne sachant pas comment faire pipi dans cette petite bouteille qu'elle m'avait donné, j'ai regardé John Wood d'un air interrogatif après son départ. Je ne voulais pas lui parler, mais il n'y avait personne d'autre.

— Oh, bon Dieu, a-t-il grogné. Pisse dans la bouteille, y a rien de compliqué.

— Je vais faire de mon mieux. Promis.

Pourtant, à cause de l'infection ou de ma nervosité, je n'ai pas réussi. Assise sur les toilettes, en larmes, je me demandais comment j'allais me tirer d'affaire. Pour finir, John Wood est entré dans les toilettes pour femmes avec une tasse en carton en me disant de m'en servir. Le fait qu'il entre dans ces toilettes, qu'il envahisse mon espace privé, m'a laissée tremblante. Allait-il m'agresser ici ? Je n'avais aucun moyen de savoir.

Quand j'ai fini par produire l'échantillon, nous sommes allés rencontrer le spécialiste.

— Voyez-vous une raison qui explique pourquoi Maureen a autant d'infections ? a demandé le médecin. Est-elle active sexuellement malgré son jeune âge ?

John Wood a secoué la tête.

— Vous comprenez ce que je vous dis ? a insisté le médecin.

Cette fois, John Wood a acquiescé.

— J'en suis absolument sûr, a-t-il répondu.

Je ne savais pas vraiment de quoi ils parlaient, mais je commençais peu à peu à faire le lien entre ce qui m'arrivait le week-end et « l'activité sexuelle ». Et je me demandais si ce médecin pourrait comprendre et intervenir. C'était une petite lueur d'espoir. Mais lorsque le samedi suivant est arrivé et qu'on m'a réveillée en pleine nuit, j'ai compris que j'avais été idiote de compter sur lui.

Peu de temps après, un après-midi où je jouais dehors avec des amis, nous sommes tombés sur un vieux vélo sans selle. Il était rouillé et sans doute promis à la déchetterie, mais ça nous donnait quelque chose à faire. On l'a essayé chacun notre tour, et quand je suis monté dessus, le ressort m'a pincé l'entrejambe.

Le lendemain j'avais très mal, et je souffrais chaque fois que je devais aller aux toilettes.

— Je ne peux pas faire pipi, ai-je dit à ma mère. Ce n'est pas normal.

Elle a grogné mais fini par prendre rendez-vous chez le généraliste, qui nous a envoyés illico à l'hôpital. Là, un autre médecin m'a examinée avant de dire à ma mère, sourcils froncés :

— Vous êtes au courant que votre fille n'est plus vierge ? Elle n'a que dix ans.

Ma mère a secoué la tête d'un air furieux.

— Elle s'est assise sur un vélo sans selle, c'est tout.

Maintenant, quelqu'un allait agir, espérais-je. On allait tirer la sonnette d'alarme. Ce médecin allait certainement me poser des questions, m'apporter de l'aide ? Mais non. On m'a renvoyée à la maison avec de la crème antibiotique et ça a été terminé. Sauf que bien sûr, maman m'a mis une rouste pour lui avoir attiré des problèmes.

Comme pour nos vêtements, elle veillait à ce qu'on ait toujours de bonnes chaussures et un uniforme correct pour l'école. On allait régulièrement chez le coiffeur, et on voyait le dentiste quand il le fallait. Avec le recul, je comprends que ça n'avait rien à voir avec l'instinct maternel et tout avec le maintien des apparences.

Tous les week-ends, John Wood et elle emmenaient deux d'entre nous au pub, et c'était le meilleur moment de notre mois. J'adorais les accompagner, mais j'étais rarement choisie.

— Tu te tiens mal, Mo-Jo, me disait ma mère d'un air méprisant. Il faut que tu sois plus sage.

Il y avait une salle pour les enfants au pub, avec des jeux et une table de billard, et elle était généralement pleine de gamins du quartier. À l'époque je pensais que c'était par gentillesse que maman nous y emmenait. Mais aujourd'hui, je me demande dans quelle mesure elle jouait un rôle, en cachant la perversité de notre vie domestique sous un vernis de normalité et de respectabilité. Elle ne s'intéressait qu'à ce qu'on pensait d'elle, pas à ce qu'elle aimait vraiment.

Outre les agressions sexuelles, elle faisait aussi preuve de cruauté physique et mentale. Je ne me souviens pas qu'elle m'ait emmenée en sortie, ni même en vacances. Une fois, nous nous sommes entassés tous les sept dans une Reliant Robin et nous avons roulé jusqu'à Glasgow pour voir nos grands-parents. Une roue a crevé près de Loch Lomond et nous avons attendu au bord de la route pendant que John Wood et elle se disputaient pour savoir comment la réparer. Ce qui ne m'a pas empêché d'adorer chaque minute de ce voyage. J'étais entourée des autres membres de la famille en permanence, donc j'étais sûre d'être en sécurité. En Écosse, j'ai eu l'impression que mon âme revivait. Mais dès que nous sommes rentrés, j'ai replongé en enfer.

Le club local des ouvriers organisait chaque année un voyage en bord de mer, à Blackpool, un événement très attendu. Tout notre quartier se vidait pour la journée. À notre arrivée, ma mère nous déposait à la Fun House avant de filer au pub. Mais c'était une journée ailleurs et nous nous amusions beaucoup.

Des années plus tard, j'allais lire des articles sur l'exploitation sexuelle des mineurs à Blackpool qui m'arracheraient un sourire amer. Même en excursion, je n'y échappais jamais. L'été après que les viols ont commencé, ma mère ne m'a pas autorisée à y aller.

— Tu n'as pas été sage, m'a-t-elle dit. Tu resteras à la maison. Toute seule.

Peut-être ne voulait-elle pas que je passe du temps avec d'autres adultes, au cas où j'aurais dit quelque chose. Mais à vrai dire, avoir la maison pour moi toute seule a été une bénédiction. Il faisait beau et chaud à Stoke ce jour-là, et je suis sortie jouer et acheter des friandises même si elle m'avait interdit de quitter ma chambre. L'après-midi, j'ai passé des heures délicieuses à lire mon livre en souhaitant qu'ils ne reviennent jamais. Quand le bus est arrivé, j'ai été ravie d'apprendre que l'excursion avait été gâchée par une pluie continuelle.

— On n'a pas pu aller sur la promenade, s'est plainte ma mère. Le temps était horrible.

Je n'ai pas pu m'empêcher de penser qu'ils l'avaient bien mérité et que peut-être, peut-être, tout n'allait pas toujours contre moi.

J'avais toujours aimé apprendre, mais après que les viols ont commencé l'école est devenue mon seul refuge. Même malade ou mal en point, je me levais bien avant que l'alarme sonne et mettais mon uniforme. J'avais tellement hâte de quitter la maison. J'étouffais. C'était un poids physique qui menaçait par moments de m'écraser complètement. J'étais constamment sur les nerfs, toujours apeurée, toujours angoissée de ce qui m'attendait. C'était d'autant plus effrayant que je ne comprenais pas ce que j'avais fait pour mériter pareil traitement. Je soupçonnais pourtant que c'était entièrement ma faute, et même j'en étais de plus en plus persuadée. Mais je savais que je n'avais aucune chance de régler le problème si je n'étais pas capable de l'identifier.

À l'école, mon sanctuaire, j'étais une autre enfant. Brillante et vive. Je travaillais davantage que ce qu'on me demandait. Je lisais plus que jamais, mais les livres d'enfant n'avaient plus d'attrait pour moi. *Le Club des Cinq* et *Le Clan des Sept* me paraissaient puérils. Ce n'était pas tellement que j'étais trop grande pour ces romans que j'avais tant aimés, mais que j'étais rentrée dans un autre monde. Je m'intéressais à J. R. R. Tolkien, à Jane Austen, à Thomas Hardy et à F. Scott Fitzgerald. Je m'imprégnais de tragédies, de cœurs brisés, d'injustices. C'était mon monde, désormais.

Quand je plongeais dans *Le Seigneur des anneaux*, je

pouvais me perdre, oublier qui j'étais et ce qui m'arrivait. Les deux facettes de Sméagol étaient comme mes deux facettes à moi. Il luttait contre ce qu'il n'avait pas envie d'entendre. Je me battais contre ce que je n'avais pas envie de sentir. J'entrais en empathie avec cette créature pathétique. Je savais ce que cela fait d'être torturé. D'être un paria.

Je luttais aussi avec mes amitiés. Je n'avais jamais eu énormément de vrais amis à l'école, et ceux que j'avais me paraissaient désormais idiots et immatures. Je n'avais plus envie de rire un peu bêtement avec des enfants de dix ans. Hors de question de jouer à la poupée, au papa et à la maman, à la famille parfaite. J'étais une adulte fatiguée de la vie dans un corps d'enfant.

Un après-midi, après l'école, on a frappé à la porte et j'ai entendu une drôle de voix dans l'entrée. Je suis sortie de ma chambre, où je lisais, pour aller jeter un coup d'œil dans la cage d'escalier.

— Un rapport sur votre enfant... Mme Wood... Nous prenons cela très au sérieux...

Maman a hoché la tête et pris sa voix de femme respectable pour les raccompagner dehors.

— Je suis d'accord avec vous, disait-elle. C'est un rapport malveillant et sans fondement.

Elle a attendu que leur voiture s'éloigne, puis a passé la tête dans la rue et a crié à la cantonade :

— Si je découvre qui est l'enfoiré qui a fait ça, il est mort !

Je ne comprenais rien à ce qui se passait. Je suis retournée en vitesse dans ma chambre, avant qu'elle ne tourne sa colère contre moi. Des années plus tard, tout deviendrait clair.

À onze ans, je suis entrée avec mes amis au collège St John Fisher. C'était un grand événement pour nous, d'autant que l'établissement nous paraissait énorme. Mais je me suis trouvé un groupe de filles, et même si j'étais la discrète, voire la bizarre du lot, au moins on m'acceptait. Comme elles atteignaient la puberté, la conversation tournait beaucoup autour des garçons.

— J'aime bien untel, il te plaît, Maureen ? Tu veux que je lui demande s'il veut sortir avec toi ? Tu n'as pas envie de lui rouler un patin ?

Leurs discussions m'agaçaient autant qu'elles me décontenançaient. J'étais incapable d'y participer. Elles portaient du maquillage, des hauts moulants et des minijupes.

Moi, j'avais peur de plaire à un garçon. L'idée d'embrasser quelqu'un me répugnait. Je refusais de mettre du maquillage. Je portais des vêtements amples, des pantalons de jogging, me rendant aussi peu attirante et remarquable que possible.

— On te comprend pas, Maureen, riaient mes amies. Tu es tellement drôle comme fille.

En parallèle, notre éducation s'élargissait. Nous commencions à étudier la biologie, et avec elle venait l'éducation sexuelle. J'étais dans une école catholique donc ce n'était pas très explicite, néanmoins en écoutant les explications sur les rapports sexuels – « entre deux personnes qui s'aiment, un mari et une femme » –, j'ai eu une soudaine prise de conscience. C'était ça. Oui, c'était exactement ça que mes parents me faisaient.

Les leçons se sont poursuivies. Nous avons appris à nommer les parties génitales des hommes et des femmes. Nous avons appris les différentes étapes de la conception. Les enfants autour de moi s'écroulaient de rire en écrivant « utérus » ou « pénis » sur leurs feuilles à carreaux. De mon côté, silencieuse, je comprenais que j'avais été violée.

— Ça n'a rien de drôle ! avais-je envie de hurler. C'est dégoûtant ! Vous feriez mieux d'éviter ça autant que vous pouvez !

Mais personne ne remarquait mon teint blême et mes mains tremblantes. Notre professeur était un homme chétif qui était sans doute plus gêné encore que les élèves. Pas le genre d'homme à qui j'aurais pu me confier. Quant à mes amies, même si elles étaient bien intentionnées, elles ne pouvaient pas comprendre. Leur monde était si loin du mien qu'elles auraient aussi bien pu habiter une autre galaxie. Il y avait une fille de notre classe qui portait toujours des vêtements neufs et qui était maquillée comme un pot de peinture. Elle était très jolie, tous les garçons l'aimaient. Les autres filles l'enviaient et rêvaient d'être comme elle, sauf moi. J'avais plutôt pitié d'elle.

J'avais envie de leur dire : « C'est pas aussi bien qu'on le raconte. Vous pouvez me croire. »

Il n'y avait qu'une enseignante à qui j'avais l'impression que je pourrais parler. Un jour où je m'étais disputée avec une amie dans la cour, elle m'avait aidée à régler le problème. Elle était compréhensive et gentille, et je m'inventais souvent des scénarios où je finissais par lui avouer la vérité. Mais chaque fois, malgré mes répétitions, je perdais courage à la dernière minute. Le contexte n'aidait pas : c'était une école catholique très stricte, nous étions au début des années 1980 et on ne parlait pas de sexe ou d'abus sexuels. Les secrets étaient bien gardés derrière des portes closes. De toute façon, même si cela avait été moins réprimé, je doute que j'aurais trouvé les mots. J'étais incapable d'évoquer mon calvaire. Il aurait fallu m'arracher la vérité, comme un des fils du couvre-lit.

Un jour, alors que j'étais dans la cour pour la pause du midi, Jock est arrivé devant la grille en faisant rugir le moteur de sa moto.

— T'es attendue à la maison, Maureen. Maman ne va pas bien.

J'hésitais.

— Je suis à l'école. J'aurai des ennuis si je pars.

Jock a serré les poignées de son guidon.

— Je viens de te dire que maman est malade. Monte sur la moto.

J'ai préféré ne pas faire d'histoires. J'ai attendu que la surveillante à l'entrée du réfectoire tourne le dos pour sortir en douce. Jock m'a tendu un casque et je me suis installée derrière lui. Je savais que mes amis nous regardaient, et sans doute avec une sorte d'admiration. Mais je n'éprouvais que de la révulsion. Sa proximité me répugnait. Pourtant, je n'ai pas eu le choix et me suis accrochée à lui quand il a accéléré.

Nous avons traversé notre rue en trombe, mais sans nous arrêter devant la maison. Et soudain, mon cœur s'est décroché.

— S'il te plaît, Jonk, non ! Ramène-moi à l'école.

Mais ma voix était noyée par le bruit du vent. Il s'est arrêté près de Black Bank. Et là, au milieu des fougères, dans mon uniforme d'écolière, il m'a violée sans un mot.

Puis il m'a redonné le casque et m'a ramenée à l'école. Il m'a déposée devant la grille avant de disparaître. Je me suis assise en classe, muette de désespoir, incapable de me concentrer sur les cours. Je me rappelais à peine mon propre nom.

— Tu préfères rêvasser en regardant par la fenêtre plutôt que de suivre la leçon, m'a dit mon prof d'histoire. Tu veux nous dire à quoi tu penses, Maureen ?

J'ai secoué la tête, interdite. Je n'aurais pas su par où commencer.

5

Les viols et la détresse se sont poursuivis pendant trois ans. Maman et John Wood étaient aussi réguliers que des coucous. Pour un peu, j'aurais pu croire qu'ils notaient ce passage obligé dans leur agenda. Jock était plus sporadique dans ses agressions, il frappait quand il pouvait, où il pouvait. Je regardais sa médaille de saint Christophe se balancer d'avant en arrière au-dessus de ma tête, en implorant silencieusement que ça se termine.

Mais comparés aux horreurs que je traversais le samedi soir, les viols de Jock faisaient presque pâle figure. Ses actes étaient hésitants, maladroits, comme s'il les faisait à contrecœur. J'avais l'impression que lui-même ne savait pas ce qui le poussait à accomplir ces gestes. John Wood, lui, me faisait vivre des épreuves autrement plus terribles.

Rien, absolument rien, n'était plus douloureux et révoltant que les viols brutaux et impitoyables de mon beau-père, sous le regard mauvais de ma mère, sa complice perverse en chemise de nuit et filet à cheveux.

— Continue, John, continue. Elle aime ça.

Ses cheveux noirs coupés court étaient plaqués sur ses tempes par la transpiration. Ses yeux faisaient comme deux billes ténébreuses. Je sentais ses ongles qui me griffaient, son parfum écœurant, son haleine fétide.

— Arrête, s'il te plaît, arrête. Je déteste ça.

Mes suppliques n'y faisaient rien.

C'est au début du printemps 1984, à treize ans, que j'ai commencé à me sentir mal, surtout le matin. Je ne pouvais plus me tourner dans le lit sans que monte une vague de nausée. L'odeur du café suffisait à me retourner l'estomac, et je reculais avec dégoût dès que quelqu'un m'approchait avec une cigarette. Mon corps changeait, aussi. Moi qui avais toujours été maigre comme un clou, je développais des formes, des courbes. Au départ, j'ai cru que c'était la puberté, mais quand mon ventre a commencé lui aussi à se bomber, j'ai compris.

Nous avions terminé les cours d'éducation sexuelle à l'école, je savais comment on faisait les bébés. Mais je savais aussi que je n'avais pas intérêt à en parler.

— Ton secret est bien gardé avec moi, petit ange, ai-je murmuré, une main sur mon petit bidon.

Je portais partout ce secret avec moi, comme un précieux pendentif en or caché sous mes vêtements. Un talisman glorieux que tous ignoraient. J'avais l'impression qu'un sourire accompagnait tous mes pas.

— Personne ne le sait, répétais-je comme un mantra. Que toi et moi.

Quelques semaines plus tard, maman m'a coincée dans l'escalier et obligée à la suivre dans la chambre avant de fermer sa porte.

— Tu es enceinte ?

Le simple fait d'entendre ces mots m'a fait courir un frisson dans le dos. J'avais envie de les prononcer moi aussi, juste pour les entendre. Je voulais qu'ils soient vrais. Mais je devais faire attention.

— Non. Pas du tout.

Elle s'est mordu la lèvre en me fixant d'un regard noir.

— T'as pas intérêt, a-t-elle dit d'un air menaçant en me dégageant sur le palier.

D'instinct, je savais qu'elle ne me laisserait pas garder le bébé, et déjà je l'aimais plus que tout. Ce bébé, ce petit cœur battant en moi, était la réponse à tous mes rêves et à tous mes espoirs. Depuis toujours j'avais eu envie d'aimer quelqu'un et qu'on m'aime. Je ne désirais rien d'autre qu'un amour pur et innocent. C'était ma chance.

— Je sais que tu m'aimes, lui ai-je murmuré en caressant mon ventre gonflé. Et je t'aime aussi.

Je n'ai parlé à personne. J'ai commencé à mettre de l'argent de côté en secret. La nuit, dans mon lit, j'échafaudais un plan : j'allais acheter un billet de train et m'enfuir à Londres, où je pourrais élever mon enfant dans la paix et l'anonymat.

— Rien que toi et moi, disais-je à mon ventre.

Bien entendu, c'était un projet puéril et voué à échouer. Mais je n'étais moi-même qu'une enfant.

Je m'occupais en faisant des petits boulots pour les voisins, passer la tondeuse, faire des courses, laver des voitures. Dès que mes corvées à la maison étaient terminées, je sortais et cherchais du travail.

— Je ne peux pas jouer, disais-je aux amis. J'ai des choses à faire.

J'avais des responsabilités, et j'adorais ça. Petit à petit, ma réserve d'argent liquide a grossi. En un mois, j'ai accumulé la somme mirifique de 30 livres, et j'avais les yeux qui brillaient en imaginant tout ce que je pourrais en faire, le moment venu. En attendant, je le cachais derrière ma commode.

Pour dissimuler mon état, je portais des vêtements encore plus amples – de vieux sweat-shirts et des pantalons de survêtement. Ça ne changeait pas vraiment de l'habitude, à vrai dire. Comme je n'avais jamais été aussi féminine que mes sœurs, j'espérais que ça passe inaperçu. Mais de toute façon, personne ne faisait attention à moi. Au quatrième mois, j'ai commencé à sentir les premiers mouvements, et avec eux la naissance d'une chose jamais ressentie auparavant : un amour pur et inconditionnel.

Un après-midi, après que j'eus fait mes corvées, maman est montée dans la chambre inspecter mon travail. Elle a passé les doigts sur les meubles pour vérifier la poussière, puis a ouvert les tiroirs de la commode pour s'assurer que j'avais aspiré l'intérieur. J'ai cru mourir en voyant le petit sac rempli d'argent tomber de sa cachette sur la moquette.

— Qu'est-ce que c'est ? a-t-elle demandé en le vidant sur le lit. D'où tu sors tout ça ?

— Je l'ai gagné, ai-je répondu avec un accent de sincérité. J'ai gagné chaque centime. J'économise pour m'acheter quelque chose qui me plaît.

Maman s'est moquée de moi puis a empoché l'argent. J'en suis restée bouche bée, mais qu'y pouvais-je ?

— À ton âge, on n'a pas besoin d'argent, a-t-elle dit. Pour qui tu te prends, Mo-Jo ?

Et ça a été terminé. Je n'avais pas intérêt à discuter. J'allais devoir recommencer à zéro et faire beaucoup plus attention, cette fois.

Peu après, un samedi soir, alors que j'étais au cinquième mois, maman m'a ordonné de venir dans sa chambre pour la séance habituelle de torture. Je ne m'y habituais pas, mais je l'acceptais. Je n'avais pas le choix.

J'ai agrippé les draps, fermé les yeux très fort, et par l'esprit je suis sortie du lit. C'était tellement facile que j'avais l'impression d'être liquide. Sans bruit, pleine de grâce, je flottais dans la chambre, me posais sur le rebord de la fenêtre, loin de leurs mains poisseuses, de leur haleine alcoolisée et de leur perversité.

Maman mettait les doigts en moi en gémissant horriblement quand soudain son visage s'est figé.

— Tu m'as menti ! Espèce de petite traînée !

À cet instant je suis revenue dans mon corps, comme aspirée par un vortex.

— Qu'est-ce qui se passe ? Qu'y a-t-il ? a demandé John Wood.

— Elle est enceinte, voilà ce qu'il y a !

Ma mère hurlait comme un démon.

— J'ai senti le bébé bouger à l'intérieur. C'est une menteuse !

John Wood était pétrifié. Il avait l'air sincèrement terrifié – sans doute pour la première fois. Je ne l'avais jamais vu dans un tel état de peur. Malgré mes pieds empêtrés dans la couette, je suis descendue du lit et suis sortie à moitié en courant, à moitié en trébuchant. J'ai fermé la porte derrière moi et me suis réfugiée dans mon lit en me disant qu'ils allaient venir me battre même s'il y avait ma sœur dans la chambre. Sous les couvertures, j'essayais de calmer ma respiration, une main posée sur mon ventre.

— Ne t'inquiète pas, chéri. Ça va aller.

Je n'avais pas peur pour moi, mais pour mon bébé. Mon cœur cognait contre mes côtes. Je cherchais désespérément à me calmer pour ne pas lui communiquer mon effroi. J'ai attendu un moment, j'entendais ma mère et John Wood se disputer dans leur chambre, mais ils ne sont pas venus me chercher. Alors que mon esprit dérivait vers le sommeil, je me suis souvenue de l'insulte de ma mère :

— Espèce de petite traînée !

C'était elle qui violait sa propre fille. Mais c'était moi la traînée.

Le lundi matin, maman m'a emmenée voir le médecin. Il était évident qu'elle était secouée, très secouée. Et malgré mes craintes, j'éprouvais un certain plaisir. J'étais contente qu'elle souffre, c'était bien mérité. Sur la route, elle m'a débité une tirade à la mitraillette.

— Il faut qu'on ait une version propre. Tu ne sais pas qui c'est. Tu as été violée par un inconnu un soir en rentrant à la maison. Un inconnu. Compris ? Ce qui arrive à la maison n'en sort pas, n'oublie pas ça. Si tu parles, tu vas le sentir passer. Tu peux compter sur moi.

Je n'ai pas répondu. Il ne m'était pas venu à l'esprit qu'on me demanderait qui était le père, que les autorités voudraient savoir d'où venait mon bébé.

Quoi qu'il en soit, j'ai simplement hoché la tête.

Je me suis retrouvée en face d'un médecin entre deux âges, avec maman à mes côtés, un doigt accusateur dans le dos au cas où je dévierais de la version officielle.

— On pense qu'elle est peut-être enceinte, a commencé ma mère.

Le médecin, d'un sang-froid imperturbable, a vérifié le dossier avant de répondre :

— Elle n'a que treize ans.

— Je sais, a dit ma mère en me jetant un regard désapprobateur.

— Oh, je comprends.

— C'est dégoûtant, n'est-ce pas ? Elle dit qu'elle a été violée. Un inconnu, apparemment.

— On veut un avortement, c'est cela ? Oui, Maureen ?

J'ai senti le doigt s'enfoncer dans mon dos, mais je n'ai rien dit. Je n'ai même pas hoché la tête. Je ne pouvais pas valider. J'avais un bébé à protéger. Et alors que j'étais incapable de m'opposer à ma mère pour mon compte, je n'avais aucun mal à le faire pour lui.

Je me suis allongée sur la table d'examen le temps que le médecin palpe mon ventre et confirme ce que je savais déjà. Il a dit que j'étais environ à vingt-deux semaines.

— Tu as peu de choix, m'a-t-il prévenu. Je t'envoie en urgence à l'hôpital pour une échographie. Elle est très jeune, il faut qu'on surveille ça de près.

— Et pour l'avortement ? a insisté ma mère.

— On verra ce que dit l'échographie, a répondu brusquement le médecin.

À l'hôpital, la procédure a été plus ou moins la même. Maman parlait avec les gens tandis que je restais assise, en panique à l'idée d'un avortement mais excitée à l'idée de voir mon bébé sur l'écran. La salle d'attente était pleine de ce qui pour moi était de vieilles femmes. Quand mon tour est venu et que je me suis levée, révélant mon ventre rond, les sourcils se sont dressés. Maman me suivait en murmurant des méchancetés qui ne visaient pas ces femmes, mais moi.

— Ça va être un peu froid, m'a dit gentiment la technicienne de l'échographie en passant la main sur mon ventre.

L'écran n'étant pas orienté vers moi, je n'ai pas pu voir le bébé, ce qui était une déception. Mais j'ai fait un grand sourire en entendant le bam-bam-bam de son petit cœur en écho dans la machine.

Il existait vraiment ! Je n'en doutais pas, mais entendre le battement de son cœur, savoir qu'il était là, à cuire lentement, me remplissait de joie.

Bonjour, chéri, ai-je pensé. *Je ne laisserai personne te faire du mal. Ne t'inquiète pas.*

L'échographie a confirmé que j'étais enceinte de vingt-deux semaines. Je ne connaissais pas les lois sur l'avortement, j'espérais juste qu'il était trop tard.

Nous sommes retournées dans la salle d'attente et une assistante sociale est venue nous voir, alertée sans doute par le médecin généraliste.

— On gère ça en famille, a dit maman d'une voix raide. Nous n'avons pas besoin d'aide, merci.

Je n'attendais pas autre chose.

Mais l'assistante sociale ne s'en est pas laissé conter.

— Ce n'est pas à vous d'en décider, madame Wood.

J'ai levé les yeux avec intérêt. Personne ne disait jamais non à ma mère. Quand elle criait, les voisins avaient tendance à fermer leurs fenêtres. Quant à nous, nous filions droit. Mais pas cette assistante sociale, qui avait l'air tout à fait à l'aise pour la remettre en place. Cela a été une révélation.

— Votre fille est encore une enfant. C'est elle, la priorité, a-t-elle continué.

Malgré moi, je me sentais gonflée d'orgueil. Je n'avais jamais été la priorité de personne. J'avais l'impression d'être importante. Et j'étais heureuse de voir maman outrée.

— Est-il trop tard pour un avortement ? a-t-elle demandé.

L'assistante sociale a confirmé d'un hochement de tête.

— Beaucoup trop tard. Votre fille va avoir besoin de tout notre soutien. Nous restons en contact, madame Wood.

Le soulagement m'a submergée. Je savais qu'il y aurait des défis, je n'étais pas stupide au point de penser que c'était fini. Mais mon bébé était en sécurité, pour l'instant tout au moins.

Écumant de rage, ma mère m'a traînée dehors et m'a rouée de coups pendant tout le trajet du retour. On aurait dit que c'était le bébé lui-même qu'elle frappait. Mais j'esquivais la plupart de ses coups et ignorais ses diatribes colériques.

— Tu nous fais honte. Tu fais honte à toute la famille. Ton père est au travail. Attends qu'il apprenne ça. Tu vas être servie.

Quand nous sommes arrivées à la maison, j'avais les fesses rouges. Mais en mon for intérieur, je bouillais contre tant d'injustice. Elle me violait, mon frère et mon beau-père me violaient, mais c'était moi qui faisais honte à la famille.

— Il faudra le faire adopter, a annoncé ma mère. Il n'y a pas moyen de le garder.

John Wood et elle m'attendaient au pied de l'escalier le lendemain matin. Une main est allée sur mon ventre, l'autre sur ma bouche.

— S'il vous plaît, ai-je réussi à articuler. S'il vous plaît, laissez-moi garder mon bébé.

Maman a balayé ma suggestion d'un revers de main. Je n'avais même pas le droit d'avoir une opinion. C'était mon bébé, mon corps, mais ça n'avait aucune importance. Rien n'avait changé.

— Tu vas partir en Écosse demain, a dit ma mère. Prépare tes affaires. Le train part tôt.

— Pourquoi ?

Ma mère a retroussé ses lèvres, et j'ai préféré ne pas insister.

La nuit suivante, mon sac posé au pied de mon lit, j'ai à peine fermé l'œil. Et quand j'ai fini par m'assoupir, j'ai rêvé que je poussais tranquillement mon bébé dans un beau landau à travers une rue de Londres. Mais ensuite, ma mère arrivait dans l'autre sens, les yeux brillant de rage. Elle enfonçait ses ongles longs dans le landau, et quand elle se penchait, je sentais son mauvais parfum.

— Où est-il ? Où est le bébé ? criait-elle. Tu ne peux pas le garder.

Paniquée, je regardais autour de moi, cherchant de l'aide. Mais maman partait d'un rire hystérique, la tête renversée en arrière, exposant son épais cou blanc.

— Il n'y a pas de bébé, sale garde. Tu as dû l'oublier quelque part.

Et elle avait raison. Le landau était vide.

— Qu'est-ce que tu as fait de mon bébé ? Il était à moi. Tu n'avais pas le droit.

Je sanglotais et maman s'est mise à rire à gorge déployée. Puis l'alarme a sonné ; il était l'heure d'aller prendre le train pour Glasgow. Le voyage a été pénible. Maman, assise face à moi, ruminait comme si j'étais

74

un poids permanent pour elle. Et si j'avais espéré de la compassion de mes proches en Écosse, je me trompais.

— Comment as-tu pu faire ça à tes parents ? m'a lancé ma tante dès notre arrivée. Tu me fais honte, ma fille.

Évidemment, elle avait eu droit à l'histoire du viol par un inconnu, mais elle ne l'a pas évoqué directement.

Dans la conversation, j'ai appris qu'elle connaissait un couple sans enfant qui était prêt à adopter mon bébé. Ma mère voulait que tout se règle en privé, pour que personne ne sache rien. Ce voyage en Écosse avait pour but de rencontrer ce couple adoptif, sans doute pour qu'ils confirment leur choix. Le sang cognait à mes tempes tandis que je saisissais le tableau. Comment allais-je me tirer de là ?

— Ne t'inquiète pas, mon ange, je trouverai un moyen, ai-je dit sans y croire vraiment moi-même.

J'étais résolue à garder mon bébé. L'idée de le confier à de parfaits inconnus me révulsait. Je voulais ce bébé. Je ne pouvais pas abandonner mon enfant. Je le rassurais constamment, lui répétais que j'allais le garder avec moi. Que rien ni personne ne nous séparerait.

— Je te promets, je te promets, lui disais-je à voix basse.

Mais j'avais beau répéter ces platitudes, j'étais totalement paniquée. Je ne voyais pas par quel moyen j'allais parvenir à mes fins. Le lendemain, ma mère m'a fait traverser toute la ville pour nous rendre dans différents services sociaux, histoire d'organiser l'adoption. Mais nous avons eu la même réponse partout où nous sommes allées.

— Il n'est pas possible d'organiser une adoption privée, disaient nos interlocuteurs. Ce n'est pas légal. Il faut passer par les organismes appropriés. Si vous voulez placer votre bébé, il y a des règles à suivre. Et nous voudrions d'abord parler à votre fille.

Et quoi que dise ma mère, ils ne cédaient pas. À notre retour chez ma tante, j'avais un sourire victorieux sur le visage. C'était une petite victoire, mais une victoire tout de même. Encore un obstacle de surmonté. Maman a fait sa valise en ravalant avec difficulté sa colère avant de m'annoncer qu'elle rentrait à la maison.

— Et moi ? ai-je demandé. Qu'est-ce qui va m'arriver ?

Elle n'a pas répondu.

Elle est sortie de la maison et a remonté la rue avec ses bagages, et je l'ai regardée s'éloigner d'une fenêtre à l'étage. J'ai vu ses épaules s'affaisser de soulagement en partant. Et j'ai compris qu'elle était contente de se débarrasser de moi. Un problème de résolu. Une honte cachée sous le tapis.

Deux longues semaines solitaires se sont écoulées sans nouvelles de ma mère. Elle se lavait complètement les mains de ce qui pourrait advenir de moi.

— Donc, qu'est-ce que je fais maintenant ? ai-je demandé.

Mais personne n'avait l'air de le savoir. C'est alors que ma grand-mère maternelle a pris les choses en main. C'était une femme adorable, et je n'ai jamais compris comment elle avait pu élever ma propre mère. Elles semblaient totalement différentes l'une de l'autre. Mamie Kelly m'a prise dans ses bras, m'a souri et a dit :

— Tu n'as rien fait de mal, ma chérie. Ça va aller. N'oublie jamais à quel point je t'aime.

Ses mots m'ont fait beaucoup de bien. C'était un vrai baume. Enfin, quelqu'un faisait preuve de gentillesse avec moi. Personne n'avait eu de mots rassurants et affectueux depuis que ma grossesse avait débuté. Mais elle a aussi appelé ma mère pour la mettre face à ses responsabilités et lui dire de me reprendre à la maison.

— Ta fille a besoin de sa famille, lui a-t-elle lancé sur un ton sans réplique. Arrête d'ignorer le problème.

Et presque aussitôt, j'ai pris un train pour Stoke-on-Trent.

Dans les jours qui ont suivi, j'allais avoir beaucoup de mal à me rappeler que mamie Kelly m'aimait. Parce que j'avais vraiment l'impression que personne n'avait le moindre amour pour moi.

De retour à la maison, j'ai vite repris mes habitudes. Et le samedi soir venu, j'étais sur des charbons ardents. Je ne voyais pas pourquoi les viols arrêteraient. Qu'est-ce que ça pouvait leur faire ? Mais le samedi soir est venu, et rien ne s'est passé. Je me suis de nouveau préparée le samedi suivant, mais là encore la nuit s'est écoulée sans interruption. Aussi inexplicablement qu'il avait commencé, le cycle des viols s'était arrêté. Nul n'en a jamais parlé. C'était simplement terminé. Et j'en ai été éternellement reconnaissante. J'étais dans un tel état psychique que j'éprouvais de la gratitude à l'idée de ne pas être violée.

Je ne me sentais pas totalement en sécurité pour autant ; il y avait toujours de l'inquiétude, surtout quand j'étais au lit, à l'idée que ça recommence. Mais au fil du temps, la menace a fini par perdre en intensité, et pour la première fois de ma vie j'ai commencé à me tourner vers l'avenir.

Ma grossesse se déroulait comme un charme. J'étais tellement maigre auparavant que mon ventre était impressionnant. Au fil des semaines, j'ai commencé à être comiquement ronde. J'avais l'impression d'être une baleine échouée. Mais j'adorais ça. Je n'étais pas fatiguée. Mes chevilles ne gonflaient pas, je n'avais pas de vergetures. On aurait dit que je m'épanouissais. Je parlais tous les jours à mon bébé, comme s'il était dans mes bras.

— Après mon bain, on va aller faire une petite promenade. Un peu d'air frais nous fera du bien à tous les deux.

Je n'étais plus seule. J'avais un meilleur ami. Mieux, même, une âme sœur.

Toutes les deux semaines, j'allais faire une échographie pour vérifier que tout se passait bien. Et à trente semaines, quand je suis arrivée pour les tests d'usage, j'ai remarqué que l'écran était orienté dans ma direction. J'étais folle de joie. J'allais voir mon bébé pour la première fois. Son image est apparue, ses petits bras, ses petites jambes, ses doigts de pieds et de mains qui flottaient, et j'ai fondu en larmes. J'ai su à ce moment que je ferais tout ce qui était en mon pouvoir pour le protéger. J'étais prête à mourir s'il le fallait.

— Mon petit ange… Je t'aime tellement.

Je ne savais absolument pas comment empêcher l'adoption. Mais s'il fallait m'enfuir de l'hôpital au beau milieu de la nuit, je le ferais. S'il fallait dormir dans la rue en serrant mon bébé dans mes bras, je le ferais. J'étais déterminée à tout faire pour le garder.

Peu importe ce que je devrai faire, me suis-je promis.

Maman se montrait hostile depuis mon retour d'Écosse, mais j'y étais habituée. L'absence de chaleur humaine dans ma famille ne me dérangeait plus, surtout quand je sentais une telle chaleur dans mon ventre.

En ce mois de septembre je n'ai pas eu le droit de revenir à l'école, et à la place les services sociaux m'ont envoyé une éducatrice à la maison quelques heures par semaine. Quand je l'ai vue, j'ai tout de suite trouvé qu'elle ressemblait à Mary Poppins. Elle était habillée de manière assez austère, mais elle avait une petite lueur maligne dans les yeux. J'avais cours le lundi, le mercredi et le vendredi, et je travaillais à la table du salon, sans pouvoir ignorer les signes d'agacement que ma mère lançait chaque fois qu'elle passait dans la pièce.

— Tu serais à l'école si tu ne t'étais pas fait engrosser, me disait-elle. Espèce de grosse vache !

Je menais une vie solitaire. Je n'avais pas le droit d'aller à l'école voir mes amis, qui me manquaient plus que je ne l'aurais cru. Je ne voyais plus non plus les enfants de la rue. Je n'avais plus envie de jouer à chat ou de nager dans l'étang. Je n'en étais plus là. Maman m'envoyait lui acheter des cigarettes quand elle était à court, mais elle m'adressait rarement la parole en dehors de ce genre de commissions. Je me sentais ostracisée, comme si elle essayait de me dépouiller de mon identité.

Avais-je une existence propre ?

De temps à autre, elle piquait une crise et je n'avais d'autre choix que de l'écouter.

— On ne s'en remettra jamais, grognait-elle. Tu as gâché toute notre vie de famille.

La police est venue m'interroger, puisque maman avait inventé une histoire selon laquelle je m'étais fait violer en revenant d'une fête à l'école.

—Tiens-t'en à notre histoire, m'a-t-elle avertie. Sinon…

J'avais suffisamment peur pour ne pas me risquer à avouer la vérité. Et je n'avais pas tellement de mal à mentir, vu qu'en effet je m'étais bien fait violer. Les circonstances étaient différentes, mais le cœur de l'histoire était le même. Je suis restée vague sur les détails, évoquant juste un homme surgissant des fourrés dans l'obscurité pour m'agresser.

Avec le recul, je suis presque sûre qu'ils ont vu clair dans mes mensonges. Ils devaient avoir des soupçons. J'étais une jeune fille enceinte suite à un viol, et j'étais incapable de leur donner le moindre détail. Ça ne pouvait qu'être suspect.

— Je suis désolée, ai-je marmonné. Je ne me souviens plus très bien.

Il n'y a eu ni enquête, ni appel à témoignages, ni recherche d'ampleur. Je pense que la police se doutait de ce qui se passait sous notre toit, mais qu'elle ne pouvait rien faire sans preuve.

— Tu es sûre que c'est un inconnu qui t'a attaquée le long de cette route ? m'a demandé une policière.

J'ai hoché la tête avec conviction. Des années d'endoctrinement, de peur, de rabaissement, portaient leurs fruits. Ma mère avait bien fait son œuvre. Pourtant, au fond de moi, je voulais appeler à l'aide. Si seulement la policière m'avait posé la bonne question. Si elle m'avait demandé si quelqu'un à la maison m'avait agressée. J'avais envie de lui dire. Mais je ne trouvais pas le moyen de lui expliquer de mon propre chef, sans y être poussée. Si elle avait réussi à m'arracher la vérité, j'aurais mis mon aveu sur le dos de la police. Ça aurait été sa faute, pas la mienne, quand ma famille aurait éclaté en mille morceaux.

J'ai dû être examinée par un médecin de la police. On m'a emmenée dans une unité spécialisée, tellement stérile et cliniquement propre qu'elle en paraissait sinistre à mes yeux d'adolescente. Je m'inquiétais que cet examen, je ne savais comment, mette en évidence mes mensonges. Comme si le médecin de la police pouvait sentir les odeurs de mauvais parfums, les haleines de bière, et comprendre ce qui s'était vraiment passé.

L'examen a d'ailleurs été beaucoup plus traumatisant que je ne m'y étais attendue. Pour moi, ça ressemblait à une autre forme de maltraitance ; moins invasive, plus clinique, mais tout aussi violente. Maman était dans la pièce à me tenir la main comme une mère dévouée, surtout pour m'assurer que je ne sortais pas de notre version. Un petit sourire mauvais jouait sur ses lèvres tandis qu'on prélevait des échantillons. C'était une bête, un monstre déguisé d'une blouse à fleurs et de jolies sandales. Un démon déguisé en mère.

Elle a remercié le médecin et m'a adressé quelques vagues paroles sympathiques pendant qu'elles discutaient de l'épreuve que je traversais. Puis elle m'a aidée à me rhabiller et a posé une main sur mon épaule, plus menaçante que protectrice, pour me conduire vers la sortie.

— Tu te souviens de ce que je t'ai dit ? De ne pas l'ouvrir ? me disait-elle au creux de l'oreille en retournant vers l'arrêt de bus. Un mot, jeune fille, et je te promets que tu vas déguster.

Au fond de moi, j'étais quasiment sûre que Jock était le père de l'enfant. John Wood m'avait tellement martelé qu'il ne pouvait pas me mettre enceinte que je le croyais – et peut-être aussi que je préférais le croire. Mais ce n'était pas seulement qu'il avait eu une vasectomie ; je sentais d'instinct que le bébé était de Jock. Ça n'avait rien à voir avec les dates de mes règles et des viols ; je n'avais même pas pensé à y réfléchir. C'était un sentiment viscéral et primitif.

Je ne savais même pas si maman était au courant que Jock m'avait violée ou si elle pensait que John Wood était le seul suspect. Dans notre famille, il n'y avait aucune communication. Aucune vérité. C'était une toile sordide et enchevêtrée, couche après couche de mensonges et de tromperies.

John Wood gardait ses distances avec moi pendant ma grossesse. Il supportait à peine ma présence dans la même pièce que lui ; quand j'entrais, il sortait aussitôt. Il ne croisait pas mon regard et ne me parlait jamais. Parfois, je le voyais qui m'observait d'un œil inquiet. Et je savais qu'il ne s'inquiétait que pour lui, pas pour moi. Peut-être s'imaginait-il que sa vasectomie n'avait pas fonctionné et que ça allait lui retomber dessus. La date d'accouchement était fixée au 27 octobre 1984, le jour du quarante et unième anniversaire de John Wood. Y voyait-il un signe, un indice ? À moins qu'il ait juste eu peur que je n'avoue tout à une assistante sociale ou à une sage-femme. J'avais accès à beaucoup de professionnels de santé désormais, des gens qui avaient des positions d'autorité. Il aurait sans doute souhaité que je disparaisse pour de bon. C'était peut-être son bébé. Peut-être pas. Aucun de nous deux ne souhaitait en avoir le cœur net.

6

Le 5 octobre 1984, je me suis réveillée en pleine nuit avec des crampes d'estomac et une douleur dans le bas du dos. Je m'imaginais, avec une certaine excitation, que c'était la première étape du labeur. Je suis restée immobile un moment, savourant simplement chaque crampe, chaque tiraillement, me disant que chacun d'eux me rapprochait de la maternité. Puis, quand ils ont gagné en intensité, l'angoisse a monté et je suis allée dans la salle de bains. Appuyée contre le lavabo, je grognais. En entendant un bruit sur le palier, j'ai compris que maman était réveillée, elle aussi. J'avais peur qu'elle me flanque des coups pour l'avoir réveillée, mais elle a soufflé, pesté et traversé la rue pour appeler une ambulance depuis chez le voisin.

On m'a chargée dans l'ambulance avec un sac de vêtements. J'étais heureuse. J'y étais enfin. Ça arrivait. Nous sommes allées à l'hôpital, mais après un simple examen la sage-femme m'a renvoyée à la maison.

— Il est trop tôt, m'a-t-elle dit. Revenez quand les contractions seront plus régulières.

Maman n'était pas particulièrement chamboulée, mais elle a quand même dormi dans ma chambre pour me garder à l'œil. Je n'oubliais pas que la dernière fois que nous avions dormi dans la même pièce, elle m'avait agressée sexuellement. Mais il ne fallait pas y penser. Je devais me concentrer sur le bébé.

Je me suis rendormie, mais à trois heures du matin, de nouveau réveillée, je suis allée en bas boire quelque chose de chaud pour soulager mon ventre. Cette fois, j'ai géré toute seule les contractions dans le salon, en respirant profondément et en regardant les premières lueurs de l'aube.

— Ce ne sera plus long, mon ange, disais-je, la main en coupe sous mon ventre.

Maman s'est levée après huit heures et est venue me trouver en bas.

— Pourquoi ne m'as-tu pas réveillée ?

— Je n'avais pas besoin de toi. Tout allait bien.

Mais même je n'avais pas envie de l'admettre, j'ai eu besoin d'elle quand les contractions ont empiré. Elles me déchiraient le corps, me coupaient le souffle et me laissaient frémissante de douleur. J'étais soudain terrifiée par le travail, la douleur encore à venir. Je ne m'attendais pas à ce que ce soit si brutal, et maintenant je ne savais plus comment faire face. Une partie de moi se disait que si j'ignorais la situation, rien ne se produirait. C'était une réaction puérile dans une situation qui nécessitait de la maturité. Je voulais le bébé, pas le travail.

Désormais les contractions étaient violentes et régulières, et maman est retournée chez le voisin rappeler une ambulance. Mais l'hôpital a refusé d'en envoyer une deuxième, ce qui a rendu maman folle de rage.

— Qu'est-ce qu'ils croient que je vais faire ? criait-elle, les deux bras en l'air, comme si payer un taxi à sa fille à deux doigts d'accoucher était une idée complètement déraisonnable.

Pour finir, notre voisine a proposé de nous emmener en voiture. Maman n'aimait pas beaucoup cette idée non plus. Elle n'aimait pas que le voisinage mette son nez dans nos affaires, et voilà que la voisine était mêlée au scandale. Quand nous sommes descendues de voiture, dans le parking de l'hôpital, elle était d'un calme déstabilisant. Elle m'a ouvert les portes et guidée dans les couloirs, allant jusqu'à porter mon sac. Et pendant toutes les affres finales du travail, elle a été un soutien plus doux et adorable qu'elle ne l'avait jamais été. On aurait dit que quelqu'un d'autre avait pris possession de son corps.

— Est-ce que tu as besoin de quelque chose, ma chérie ? Quelque chose à boire ? Une couverture ?

C'était peut-être une démonstration mensongère d'unité pour impressionner les sages-femmes. Ou alors elle avait peur que je craque et que je me mette à parler. Mais j'espérais, j'avais envie de croire qu'enfin, enfin, elle voulait agir en bien. Elle avait gâché la vie de sa fille de manière absolue et irréparable, mais peut-être pourrait-elle se racheter, ne serait-ce qu'un peu, avec son nouveau petit-fils. La douleur devenue insupportable, jaillissant par vagues dans tout mon corps, je hurlais comme une folle.

— Je n'y arriverai pas ! Impossible !

J'ai tendu la main, instinctivement, vers ma mère. La même main qui s'était glissée en moi contre ma volonté et m'avait laissée agonisante de douleur et d'humiliation, je l'ai serrée comme une planche de salut. On m'a fait une péridurale, mais la douleur s'est arrêtée si soudainement, comme si on avait appuyé sur un bouton « stop », que j'ai pris peur.

— Poussez, poussez, me pressaient les sages-femmes.

— Pousser quoi ?

Je ne comprenais rien à ce que j'étais censée faire. Je n'avais pas suivi de cours prénataux, je n'avais pas lu de brochure médicale, ma mère ne m'avait pas donné de conseils. Je ne sentais plus rien au-dessous de ma taille. Entre mes jambes dans les étriers et le produit anesthésique qui courait dans mes veines, j'avais l'impression d'être hallucinée. Il y avait trois sages-femmes autour du lit qui me donnaient des instructions ou me débitaient des platitudes. Cette fois encore, je me suis tournée vers ma mère. Ma mère qui m'épongeait le front. Ma mère à qui je faisais confiance. Après tout ce qu'elle avait fait, j'avais besoin d'elle. Je l'aimais et je la détestais. Et je me détestais aussi, bien entendu.

— Écoute la dame, disait ma mère. Tu te débrouilles très bien. Il est presque là. Tu t'en sors merveilleusement bien.

Elle s'était transformée en une vraie mère. J'aimais cette mère nouvelle, mais elle m'effrayait un peu. Je me demandais si elle existait pour de vrai.

Mon fils est né à quinze heures quinze le 6 octobre 1984, jour du dix-neuvième anniversaire de Jock. Il devait naître pour l'anniversaire de John Wood ; il avait choisi celui de Jock. Et dans mon esprit d'enfant, cela réglait la question de la paternité. Il était là pour me sauver. Et il n'arrivait pas ce jour-là par hasard.

Maman a reniflé, puis elle m'a dit :

— Serre-le contre toi, tu ne le reverras plus.

On l'a mis dans mes bras. Rien qu'à regarder ses traits fripés, mon cœur chavirait de joie et d'amour. Je le contemplais avec avidité, admirant le moindre détail, ses petits ongles, les fins cheveux sur sa tête, je voulais garder tout cela dans ma mémoire et dans mon cœur.

— Tu es voulu, tu es aimé, lui ai-je susurré. Ne crois jamais le contraire.

Je sentais sa petite menotte se plier autour de mon doigt, je m'émerveillais qu'une créature si pure, si divine, ait pu naître d'un mal aussi profond. Maman a fait signe à la sage-femme, qui s'est penchée sur le lit pour que je lui remette mon fils. Je n'ai pas pu tendre les bras. Je ne voulais pas. Mais elle l'a quand même pris, et à cet instant j'ai compris avec horreur que je n'y pouvais rien. Accoucher m'avait fait gagner dix ans, je voyais le monde avec un regard d'adulte, de mère. Et je me rendais compte combien mon plan était ridicule. Je ne pouvais pas fuir avec mon bébé. Pas sans un toit à moi. J'avais nourri ce rêve romantique de me réfugier à Londres et de ne vivre que d'amour et d'eau fraîche. Mais je n'avais pas de vêtements de bébé, pas de landau, rien.

Pour son bien, je devais oublier mes propres besoins. C'était cela, être une mère. Même à quatorze ans, je le comprenais et je l'acceptais. Mais quand la sage-femme l'a pris dans mes bras, elle aurait aussi bien pu me fendre l'âme en deux. Je me sentais déchirée. Maman est rentrée à la maison tandis qu'on m'emmenait dans une chambre et que mon bébé allait à la pouponnière. Cette fois, nous étions séparés. Je suis restée inerte dans le lit, incapable de bouger à cause de la péridurale, les bras vides. J'avais envie de le voir, de le serrer contre moi, de sentir son odeur une dernière fois. Jamais je n'aurais pu imaginer une si grande perte, je n'arrivais pas à l'encaisser. J'avais donné naissance au plus beau bébé du monde, mais on me l'arrachait car il était rejeté par la famille qui aurait dû l'accueillir à bras ouverts. Mon histoire se terminait avant même que l'encre ait séché sur la première page.

Je n'ai pas dormi cette nuit-là. J'appelais l'infirmière tout le temps pour savoir comment allait mon bébé.

— Il mange bien ? Je peux le prendre si vous voulez, m'occuper un peu de lui.

Les infirmières essayaient d'être gentilles, mais préféraient éviter de me donner trop de détails ; elles s'inquiétaient sans doute que je m'attache à lui et qu'il faille de nouveau couper le cordon.

— Il va bien, c'est tout ce qu'elles disaient. Ne vous en faites pas.

Toute la nuit, j'ai prié pour que ma mère change d'avis. Que quelqu'un, quelque part, entende mes appels à l'aide et me permette de garder mon fils.

— Je suis prête à tout donner pour être avec mon ange, murmurais-je avec ferveur dans la lumière jaunâtre nocturne de l'hôpital.

Le lendemain matin, John Wood et maman sont venus me rendre visite avec mes deux petites sœurs, qui sont allées à la pouponnière.

— Allez voir le bébé, leur a dit ma mère, qui voulait visiblement les tenir à l'écart.

Mon bébé, ai-je pensé avec colère. *Mon bébé. Elles ont le droit de le voir, mais pas moi.*

Mais je n'ai rien dit. À quoi bon ?

Maman a planté son regard dans le mien et elle a dit :

— On a eu une longue discussion hier soir et on a pris une décision. Tu peux garder ce bébé à condition qu'on l'élève comme le nôtre.

Je l'ai dévisagée pendant que les mots pénétraient le brouillard dans mon esprit. « Comme le nôtre. »

C'était un coup de poignard dans mon cœur. Ils voulaient me le prendre. Faire comme s'il leur appartenait. Mais c'était ma rédemption. La seule que je pouvais espérer. La réponse ne pouvait être que oui. Oui ! Oui ! Oui ! Mais je n'ai rien dit. La maternité m'avait rendue courageuse et maligne. Je devais penser à mon bébé. Je ne voulais pas qu'ils le maltraitent comme ils m'avaient maltraité.

— Pourquoi ? Pourquoi voulez-vous l'élever ?

Maman a soupiré.

— On ne peut pas avoir d'enfant à cause de la vasectomie de ton père. Et on se dit qu'un nouveau bébé pourrait sauver notre mariage. On en a besoin. On a besoin d'un bébé à nous.

Je n'avais aucun moyen de savoir si c'était vrai, si cette explication était réelle. Mais j'étais prise au piège. C'était un compromis cruel. Je voulais qu'il soit mon fils. Je voulais que le monde le sache. Mais comme toutes les mères (sauf la mienne), j'étais prête à tout pour mon fils. Et je savais qu'il n'y avait pas de meilleure solution.

— OK. Je suis d'accord.

— Bon, la décision doit donner l'impression de venir de toi, a répondu ma mère. Tu dois dire aux infirmières qu'on l'emmène à la maison et que c'est ce que tu veux.

Je lisais du désespoir dans son regard, elle voulait désespérément un bébé. Mon bébé. Pour la première fois, j'avais du pouvoir sur elle. Un moyen de contrôle.

J'allais devoir l'utiliser avec intelligence. J'ai attendu que ma famille soit partie, et dès que la porte s'est refermée sur eux, j'ai crié à l'infirmière :

— Amenez-moi mon bébé ! Laissez-moi le voir ! Je le prends à la maison !

Débordante d'excitation et de gratitude, je l'ai pris dans mes bras avec un sourire rayonnant.

— Je suis ta maman, lui ai-je doucement murmuré. Je serai toujours là. Et je ne laisserai personne te faire du mal.

Maman et John Wood sont revenus me voir plus tard.

— Et quel nom va-t-on lui donner ? a demandé maman. On s'est dit que John serait bien.

J'étais abasourdie. Quel esprit perverti pouvait vraiment suggérer à sa fille d'appeler son bébé du nom de son violeur ? C'était insensé, même pour elle. Le vrai prénom de Jock était John, d'ailleurs. Pour moi, ce prénom n'était synonyme que de douleur, de torture et de désespoir.

— Hors de question. Il ne s'appellera pas John.

Une infirmière passait dans le couloir. J'avais du pouvoir. Je pouvais prendre des décisions. J'avais droit à une opinion. Tant que j'étais à l'hôpital, le bébé était dans mes bras et j'avais les cartes en main.

Plus mûre et sage que jamais, je sentais que je devais tirer le maximum de ma position.

— C'est moi qui vais choisir le prénom, ai-je eu l'audace de répondre.

J'arrivais à peine à croire que ces mots sortaient de ma bouche. Je voyais ma mère prête à exploser, mais forcée de se contenir.

— Très bien, a-t-elle dit entre ses lèvres pincées. Fais comme tu veux...

Elle a pris son sac et est partie en trombe. Dans les heures qui ont suivi, j'ai réfléchi à des prénoms. Je n'ai pas envisagé John même une seule seconde. J'avais pour projet de rester à la maison tant que je serais trop jeune pour vivre seule. Mais dès que je serais en âge de subvenir à mes besoins, je partirais pour nous trouver un endroit à nous deux. Ni John Wood, ni ma mère ni Jock ne poseraient leurs sales pattes sur mon fils. Je ne voulais rien qui me rappelle nos liens. Et surtout pas leur nom. Mais j'avais du mal à trouver un prénom qui me plaise, donc j'ai commencé à en prononcer à voix haute à mon bébé qui dormait dans mes bras :

— James, Luke, Olivre, Michael, Daniel...

Il continuait à dormir. Mais quand j'ai fini par dire « Christopher », il a ouvert un œil et m'a regardée. Je n'avais pas besoin d'autre confirmation.

— D'accord, tu seras Christopher.

J'ai souri.

— Tu as choisi ton prénom. Et il te va bien.

Je savais par les cours d'éveil religieux à l'école que saint Christophe était le patron des voyageurs, et ça me semblait approprié.

— Toi et moi, on va voyager ensemble dans la vie. Je serai avec toi où que tes pas te portent.

Je ne pensais pas du tout à Jock et à sa médaille de saint Christophe. Rien ne pouvait gâcher le bonheur, la beauté et l'innocence de ces premiers jours. Nous sommes rentrés de l'hôpital dix jours plus tard, pour l'anniversaire de mes quatorze ans. Après le premier jour de séparation, j'avais vécu neuf jours de pure félicité à la maternité. Je n'aurais pas pu être plus fière quand je suis entrée dans la maison en le portant dans mes bras. Mes frères et sœurs se sont réunis autour de moi pour l'admirer. Pour une fois, je n'étais pas qu'une empêcheuse de tourner en rond. Je n'étais pas maltraitée ou rabrouée. C'était le meilleur anniversaire de toute ma vie. J'étais littéralement submergée de bonheur. Maman m'avait dégoté un berceau et un landau de seconde main. Il y avait une pile de vêtements pour bébé, presque tous donnés. Je n'avais rien choisi. Mais ça n'avait aucune importance.

— Tu es tellement beau quoi que tu portes, j'ai dit à Christopher en lui caressant le bout du nez.

À ma grande surprise, maman a hoché la tête en souriant.

— Tu as raison, il est beau. Magnifique, même.

J'adorais le landau, un vieux modèle vert bouteille qui couinait quand je le poussais. Même son couinement métallique me semblait adorable, je m'imaginais qu'il annonçait partout fièrement l'apparition de Christopher : « Le voici qui arrive, mon beau bébé. »

À l'étage, Christopher dormait dans son berceau, en bas dans le landau. Mais il y était rarement : il y avait toujours quelqu'un pour le prendre dans ses bras ou pour jouer avec lui. Malgré la volonté initiale de maman de me le voler, c'était moi qui faisais tout pour lui. C'était mon bébé. Je préparais ses biberons, changeais ses couches et lui donnais tout mon amour. Je passais mes journées à lui faire des câlins. Pour la première fois de ma vie, je ne touchais pas à mes précieux livres, remisés sous mon lit.

Je n'avais plus besoin d'évasion. J'avais tout ce qu'il me fallait dans le berceau. La nuit, alors qu'il avait terminé son biberon depuis longtemps, je le couvais du regard en me disant que j'avais une chance folle. Sans un mot, mais avec solennité, je remerciais la puissance inconnue qui m'avait accordé un tel bonheur. Et cet élan semblait contaminer toute la famille.

Christopher avait donné goût à la joie sous ce toit, ce qui était presque inimaginable. C'était un rayon de lumière, un petit morceau d'espoir et de bonheur. La tension avait disparu. Les disputes avaient cessé. Les viols me donnaient l'impression de remonter à l'époque d'une autre vie. J'oubliais, concentrée que j'étais sur mon petit garçon. Christopher était le point de ralliement de nos vies, mais pour moi, il était la vie elle-même. Tout ce que j'avais, tout ce que je faisais, chaque souffle de mon corps était pour lui. Je ne me projetais pas vraiment dans l'avenir. Je vivais au jour le jour, comme tous les ados de quatorze ans.

Dire que j'étais heureuse serait un euphémisme. J'étais aux anges. J'avais tellement pleuré ; désormais, dans mon lit, je contemplais Christopher dans son berceau à côté de moi et m'émerveillais de sa perfection. Il faisait des petits bruits adorables quand il dormait, comme un oisillon. Écouter ses petits ronflements, regarder ses paupières battre quand il rêvait suffisait à me contenter. Peu importait d'où il venait ou ce qui s'était passé avant. Seule comptait la promesse de jours meilleurs. J'aurais presque dit que sa naissance compensait toutes les maltraitances subies. J'avais subi des atrocités, mais l'arrivée de Christopher équilibrait les choses. Je ne m'appesantissais pas sur l'horreur de sa conception. Je me concentrais uniquement sur le miracle de sa présence. Et une chose était certaine : ce bébé n'était pas à Jock ou à John, ni à ma mère. Il était à moi.

Peu après notre retour de l'hôpital, Jock est venu nous rendre visite. Il m'a apporté une carte d'anniversaire pour mes quatorze ans. Il vivait maintenant avec la famille de sa petite amie, qui l'accompagnait. Quand j'ai entendu sa voix, mon estomac s'est noué. Je n'avais pas particulièrement envie de le revoir, mais je savais que c'était inéluctable. Comme d'habitude, tout le monde s'émerveillait autour de Christopher, il était donc normal que Jock regarde dans le berceau pour l'admirer à son tour.

— Je peux le prendre dans mes bras ? a-t-il demandé d'une voix hésitante.

— Bien sûr que tu peux, a dit ma mère sans me laisser une chance de répondre. C'est ton neveu.

On aurait dit qu'elle attendait sa question, que sa réponse état déjà prête, comme si elle avait senti que je pourrais dire le contraire. J'ai même eu l'impression qu'elle soulignait le mot « neveu » à dessein, mais personne n'y a prêté attention. Et de toute façon, même si quelqu'un l'avait noté, aucun de nous n'aurait osé faire une remarque. Jock a pris Christopher dans ses bras et lui a parlé tout doucement dans le creux de l'oreille pendant un temps qui m'a paru très long. Je ne l'avais jamais vu si attentionné, doux et calme. En même temps, des images des viols me revenaient en mémoire, des images granuleuses, comme tirées d'un vieux film. La violence et la brutalité de ses agressions contrastaient avec sa tendresse à cet instant. Et j'ai su, sans l'ombre d'un doute, qu'il était le père. Christopher était le portrait craché de Jock. Cela dit, Jock me ressemblait beaucoup aussi, si bien que c'était peut-être une simple ressemblance familiale plutôt que paternelle. Mais quand il l'a eu dans ses bras, j'en ai eu la certitude. Il y avait comme un murmure électrique dans la pièce.

« Jock est le père… Jock est le père… »

Je ne saurais dire si lui aussi le sentait, si lui aussi le savait. C'était un sentiment si puissant que je me demandais si les autres le remarquaient. Maman et John Wood avaient-ils compris ? Je n'étais toujours pas sûre qu'ils étaient au courant que Jock avait continué à me violer.

Jock a fini par me rendre Christopher, et comme nos bras se sont brièvement effleurés, une certaine confusion s'est emparée de mon esprit. Nous étions frère et sœur, père et mère, violeur et violée. Rien n'allait là-dedans. Et pourtant, une fois Christopher contre moi, tout me paraissait à sa place. Je pensais que j'étais peut-être trop jeune pour appréhender tout cela et qu'en grandissant, tout deviendrait clair. Je ne me doutais pas qu'aucune explication, aucun raisonnement ne sauraient rendre justice à ce qui m'arrivait, et qu'au fil des ans cela ne ferait qu'empirer.

— Je vais m'en aller, a dit Jock d'une voix maladroite, les yeux baissés.

J'ai ouvert la bouche pour dire au revoir, mais aucun son n'en est sorti. Et après ce moment dans le salon, il n'a plus jamais eu le moindre instant d'émotion et d'affection envers Christopher. J'ai commencé à douter du lien que j'avais vu, de cette connexion si forte qu'elle en était presque palpable.

— Tu n'as pas besoin de papa puisque tu m'as, disais-je à Christopher. Je t'aime assez pour deux.

Jock passait à l'occasion, mais il ne restait pas longtemps et ne s'intéressait pas à Christopher. Maman et John Wood lui faisaient clairement comprendre qu'il n'était pas le bienvenu. John Wood et Jock ne s'étaient jamais aimés, et ça ne s'arrangeait pas avec le temps. Maman était furieuse contre son attitude rebelle ; elle n'avait jamais pu le contrôler, le maîtriser comme elle l'avait fait avec moi. Jock et moi, nous ressemblions beaucoup plus à notre père biologique et je me demandais parfois si ce n'était pas la raison pour laquelle elle nous détestait autant. Lors de ses brèves visites, Jock ne prêtait pas attention à Christopher et nous ne parlions jamais de lui ni de ce qui était arrivé par le passé. Mais ça ne me dérangeait pas. Sans les viols de Jock, je n'aurais pas eu Christopher. Quelque chose de merveilleux était sorti de ce mal.

— Je ne t'échangerais pour rien au monde, disais-je à Christopher.

Et je le pensais. Mon quotidien était tellement agréable, tellement rempli d'amour que je ne m'accrochais pas au passé. Je ne pleurais pas sur ce que j'avais subi. Mon enfance s'était terminée à neuf ans, elle ne me manquait pas. Pendant longtemps, je m'étais sentie étrangère aux enfants de mon âge. Ils me tapaient sur les nerfs, à vrai dire. Avoir Christopher ne faisait que renforcer ce sentiment ; j'avais le droit de le penser à présent que j'étais mère.

Même si j'étais censée continuer l'école à la maison, c'était désormais une sorte de routine sans réel intérêt. Alors que le travail scolaire était auparavant un mes points d'ancrage, il devenait un obstacle. Je bâclais mes leçons pour aller promener Christopher avant le dîner. Et quand c'était possible, je préférais esquiver cette obligation.

— Christopher n'a pas dormi de la nuit, il faut que je m'occupe de lui. Je vais le garder à l'œil aujourd'hui. Les maths, ça peut attendre.

La vérité, c'était que mes études étaient finies. Cette vie était derrière moi et elle ne me manquait pas. Le week-end, je faisais de longues promenades. Je sautais sur la moindre occasion. Les voisins m'arrêtaient pendant une éternité pour admirer mon bébé dans le landau.

— Oh, il a bien grandi déjà…

— Qu'est-ce qu'il est beau…

— Il a l'air tellement heureux…

Ces remarques me remplissaient de fierté. Les gens étaient très gentils, en tout cas devant moi. Tout le monde savait très bien que j'étais sa mère. L'idée de maman de le faire passer pour le sien était tombée à l'eau. Le lien entre Christopher et moi était si fort que c'était sans espoir. Elle n'aurait jamais pu en faire son fils. Peut-être les gens étaient-ils fascinés de voir une mère si jeune, ils voulaient voir cette adolescente qui avait eu un bébé, comment elle allait, avoir de quoi commérer. Ou peut-être qu'ils s'intéressaient sincèrement à moi, sentant ou soupçonnant quelque chose des épreuves que j'avais vécues. J'apprenais peu à peu que tout le monde n'était pas aussi tordu et cynique que mes parents. Quoi qu'il en soit, j'appréciais ces attentions, et Christopher aussi. J'adorais parler de son rythme de sommeil, de ses petits maux de ventre ou de ses biberons de nuit avec d'autres mamans. Quand il a souri la première fois, j'en ai parlé à tout le monde. Je rayonnais.

— C'est sans doute le vent, il est trop petit pour sourire, m'a dit ma mère.

Mais ce n'était pas une remontrance ou une remarque vexante, elle avait une indulgence que je ne lui connaissais pas.

Je m'en fichais que ce soit le vent ou non. Rien ne pouvait entamer mon bonheur.

Un jour, alors que Christopher avait trois semaines, je suis sortie faire des courses mais le landau était trop grand pour passer la porte. Comme il était hors de question de le laisser dehors même une minute, je l'ai pris dans mes bras pour entrer.

— Je t'attendais, m'a dit la dame derrière le comptoir. J'avais hâte de rencontrer ce beau bébé.

Elle m'a tendu un sac rempli de gilets et de chaussons en tricot. J'étais tellement émue que j'en ai eu les larmes aux yeux. Elle me connaissait à peine, nous n'avions jamais parlé, mais elle avait entendu parler de Christopher et sa gentillesse avait fait le reste. C'était un petit geste, mais je savais que je ne l'oublierais jamais.

— Merci, ai-je dit avec un sourire immense. Ça me fait vraiment plaisir, et à lui aussi.

Alors que mon existence n'avait jamais compté, j'avais maintenant un statut et des inconnus se mettaient en quatre pour moi. C'était plus qu'un nouveau départ. J'avais l'impression d'être une autre personne. La joie de devenir mère me lavait de toutes les taches et de toutes les horreurs de mon enfance. Je me sentais comme neuve.

— C'est grâce à toi, tout cela, ai-je dit à Christopher en rentrant à la maison avec le landau qui couinait. Rien de tout cela n'aurait lieu sans toi.

Quand il faisait beau, je m'installais dehors, dans notre petit jardin à l'avant, avec Christopher sur mes genoux ou dans son landau. J'étais si fière de lui que je voulais le partager avec le monde entier. La brigadière du quartier, qui avait toujours été adorable avec moi pendant mon enfance, vivait juste en face. Elle avait des jumelles du même âge que moi, et en privé elle était sûrement dévastée à l'idée qu'une enfant de mon âge ait un bébé. Mais elle ne me jugeait pas et ne me critiquait jamais. Elle jetait un coup d'œil dans le berceau et me félicitait pour les tenues de Christopher ou ses draps blancs.

— Tu t'en occupes merveilleusement bien, Maureen, disait-elle avec un sourire. Tu peux être fière de toi.

Plus incroyable encore, maman faisait preuve avec Christopher d'une sincère affection. Même si j'en étais stupéfaite, j'accueillais ce changement avec bonheur. Je voulais un environnement calme et accueillant pour mon bébé. Et je lui étais reconnaissante de l'accepter. Souvent, quand je sortais, elle m'accompagnait. Peut-être voulait-elle me surveiller, au cas où j'aurais parlé, mais elle semblait vraiment de bonne volonté. Elle adorait Christopher comme elle n'avait adoré aucun de ses enfants. Je n'aurais jamais cru qu'elle en était capable.

Même John Wood semblait aimer l'avoir dans les parages. Il lui faisait souvent des câlins. Je l'acceptais sans comprendre, en espérant que c'était pour le mieux. J'avais conscience qu'il croyait peut-être que l'enfant était de lui. Ou alors qu'il essayait de reconquérir un peu de mon affection à travers Christopher, histoire de s'assurer que je ne divulgue jamais ses sales petits secrets. Mais ma principale explication, c'est que Christopher apportait de la magie dans cette maison. Il apportait de la pureté, de l'innocence, du bonheur et de l'amour. Sa naissance était comme une poussière de fée déposée sur chacun de nous.

7

Nous étions le 2 novembre et Christopher avait trois semaines et six jours.

— Tu auras quatre semaines demain, lui dis-je. Un mois entier !

Le temps semblait passer à toute vitesse, et je me souvenais à peine de ce à quoi ressemblait la vie avant son arrivée. La journée s'est passée sans événement particulier : j'ai fait des machines, puis étendu bavoirs et autres sur la corde à linge dans la cuisine. Nous nous sommes promenés malgré la grisaille et la fraîcheur. Christopher était bien couvert. Et en début de soirée, nous étions à la maison, tout seuls ; après l'avoir nourri, changé, je l'ai allongé dans son landau pour qu'il fasse dodo dans le salon.

— Maman va prendre un bain. Je n'en ai pas pour longtemps, mon petit ange.

Christopher a gazouillé, content. Il était toujours content. Je m'étais fait couler le bain en même temps que je lui donnais à manger, si bien que je ne suis pas restée longtemps en haut, vingt minutes tout au plus. Puis je suis redescendue, pressée de voir son visage endormi et ses petits poings fermés. Mais en arrivant au pied de l'escalier, j'ai été frappée par le silence. Pas de petits bruits comme Christopher en faisait pendant son sommeil. Pas de grognements. Et j'ai compris que quelque chose n'allait pas.

Ma gorge s'est serrée. Un frisson glacial m'a traversé l'échine. Je me suis figée sur le seuil du salon. Ma main serrait la poignée de la porte à la casser. Le silence était si écrasant que c'était presque un mur qui me repoussait. J'avais trop peur pour avancer. Mais quelques secondes plus tard, je me suis précipitée vers le landau en répétant son nom, encore et encore.

— Christopher, Christopher. Réveille-toi, mon ange, réveille-toi

Je tapotais désespérément son pied, touchais son visage. Penchée sur lui, je l'implorais de rester avec moi. Mais ses lèvres avaient une teinte bleuâtre et sa peau avait déjà commencé à refroidir. J'ai compris que je l'avais perdu. De tout mon cœur, de toutes les fibres de mon corps, j'ai su. D'épouvante, j'ai couru à travers toute la maison en hurlant puis j'ai traversé la rue, j'ai frappé aux portes. Pas de réponse, pas de réponse, ça durait une éternité, une éternité pour trouver de l'aide. Mais à la maison suivante, la porte s'est ouverte.

— Christopher ne respire plus ! Aidez-moi !

J'étais hystérique. Betty, notre voisine, a appelé une ambulance avant de se précipiter à la maison pour tenter des gestes de premier secours. Je ne voulais pas regarder, pas être là, je refusais d'avoir la confirmation de ce que je savais être vrai. Des gyrophares bleus sont apparus dans la rue, ma famille est rentrée, des gens pleuraient, criaient, hurlaient.

— Ce n'est pas possible ! Il ne peut pas être mort !
Pas Christopher !

Même John Wood sanglotait, assis à la table du salon,
la tête entre les mains. C'était la première fois que je le
voyais manifester de l'émotion, ce qui confirmait l'impact cataclysmique de la mort de Christopher.

— Je suis tellement désolé, tellement désolé, répétait
tout le monde.

Mais rien ne pouvait calmer ma douleur. Des heures
se sont écoulées dans un flou total. J'avais l'impression
d'être coupée en deux. Comme si mon cœur lui-même
était en pleurs. Le corps minuscule de Christopher a été
emmené, mais je n'ai pas eu le droit de monter dans
l'ambulance.

— Laissez-moi aller avec lui. C'est mon garçon !

J'avais l'impression qu'on m'arrachait mes propres
organes. Je ne supportais pas de le voir partir seul. Un
médecin est venu, m'a mise sous sédatif, et j'ai dormi
par à-coups, autant de fragments de torture, pendant les
jours qui ont suivi. Chaque fois que je me réveillais en
sursaut, je fixais le berceau vide à côté de moi et l'horreur absolue me sautait au visage.

L'hôpital avait expliqué qu'une autopsie serait prati-
quée, mais je ne supportais pas l'idée que quelqu'un, un
inconnu, découpe le corps parfait de mon petit garçon.
Ça ne me semblait ni digne ni respectueux. Même si je
voulais absolument savoir de quoi il était mort.

— Mort subite du nourrisson, apparemment, a dit ma
mère d'une voix pleine de doute et de ressentiment.

Je ne savais pas de quoi elle parlait. J'ignorais le sens
de ces mots. Il avait l'air parfaitement en forme quelques
minutes avant sa mort. C'était insensé, totalement

insensé. Plus tard dans la semaine, elle a insisté pour que nous allions le voir à la chapelle, même si je l'ai suppliée pour ne pas y aller. J'étais incapable de l'affronter. Je voulais me souvenir de mon fils comme avant.

— Tu viens, un point c'est tout, a dit ma mère. C'est toi qui as insisté pour devenir mère. Maintenant, tu acceptes les conséquences.

À l'intérieur, mon bébé gisait dans un minuscule cercueil, immobile et pâle comme de l'albâtre. Il portait une tenue blanche que je n'avais pas choisie et que je ne reconnaissais pas.

— Bonjour, petit ange, j'ai murmuré d'une voix douce.

Autour de son cou, il y avait une médaille que je reconnaissais, la médaille de Jock : d'un côté un portrait de saint Christophe, de l'autre Marie avec l'Enfant Jésus. Ça, c'était une décision de maman. Je n'aurais pas validé cela. À cet instant, j'ai eu un violent souvenir de cette médaille se balançant au-dessus de mon visage, scintillant au soleil au milieu des fougères, tandis que Jock grognait en me besognant. Et maintenant, cette médaille était autour du cou de mon bébé. Le cou de notre bébé. C'était une folie. Une folie absolue.

Je me suis penchée vers lui, ai tendu la main, et, pendant une seconde, je me suis presque persuadée que si je touchais Christopher, j'arriverais à le réveiller.

— Tu ne dois pas t'approcher, a aboyé ma mère.

Je me suis figée, interdite, tandis qu'une de mes sœurs s'avançait pour lui caresser le visage. Je ne comprenais pas pourquoi elle en avait le droit et pas moi. Pourquoi n'avais-je pas eu mon mot à dire sur ce qu'il portait ? Et pourquoi portait-il une médaille appartenant à l'homme qui m'avait violée ?

Le pouvoir avait de nouveau changé de main. Je n'avais plus la parole. Sans Christopher, je ne comptais plus. Du tout. Ma sœur a légèrement déplacé son bonnet, révélant la cicatrice de l'examen post-mortem. J'avais le cœur brisé de savoir qu'on l'avait ouvert, surtout sur son pauvre petit crâne.

— Mon ange…

Lors d'une de nos sorties (qui me paraissaient déjà si lointaines), j'avais acheté à Christopher un hochet – une grosse boule ronde avec trois ou quatre boules qui tournoyaient autour, toutes de couleurs différentes. C'était la seule chose que je lui avais achetée moi-même, grâce à mes économies, et avant de quitter la chapelle je l'ai déposé discrètement dans le cercueil, à côté de lui. Ce serait son viatique. Ma seule contribution à ses funérailles. Je lui ai dit adieu avec l'impression de laisser mon cœur mort avec lui. J'avais l'impression que ma vie ne pourrait plus jamais continuer. Une fois dehors, je me suis effondrée. Et j'ai pleuré sur tout le chemin du retour.

— Je ne sais pas pourquoi tu pleures, m'a rabrouée ma mère. On sait tous que c'est toi qui l'as fait. Il allait bien quand on est partis, et il était mort quand on est rentrés. Pas besoin d'être un génie pour savoir ce qui s'est passé.

J'étais abasourdie. Cette accusation n'avait aucun sens. L'autopsie avait montré qu'il n'y avait pas eu homicide, elle n'avait aucune preuve que je lui avais fait du mal. Et jamais je n'aurais touché à un cheveu de Christopher. Je l'adorais. Elle revenait simplement à son regard perverti, méchant. De retour à la maison, elle a continué à cracher sa bile sur moi, et le reste de la famille a suivi son exemple, comme d'habitude.

— Tu es une horrible garce. Tu pues. Va prendre un bain.

Je ne pouvais pas sortir de ma chambre sans essuyer des remarques ou prendre un coup. L'accusation de ma mère me poursuivait, nuée d'oiseaux noirs volant en cercle autour de moi pour m'arracher les yeux. Mais sa cruauté ne m'affectait pas autant qu'elle l'aurait pu. J'étais tellement enfermée dans mon chagrin, si submergée par le deuil, que j'entendais à peine ce qu'ils disaient. Comme s'ils me parlaient tandis que j'avais la tête sous l'eau ; ça n'avait pas de sens. Et de toute façon, ils ne m'avaient jamais soutenue. Alors, pourquoi auraient-ils changé ?

J'ai été complètement évincée de l'organisation des funérailles. Maman est allée voir le prêtre toute seule. Celui-ci a refusé d'enterrer Christopher parce qu'il était né hors mariage et qu'il n'était pas baptisé. J'avais prévu de le faire baptiser, mais il était décédé avant que ce soit fait. À son retour, maman a déversé sa colère sur moi, comme si c'était ma faute si j'avais été violée hors mariage.

— Tu vois le bazar que tu as mis, espèce de sale petite vache ?

Le lendemain, elle a tenté sa chance auprès du pasteur méthodiste, qui s'est révélé plus arrangeant. Maman n'était pas pratiquante, et je crois que ces funérailles avaient surtout pour but de lui permettre de sauver la face. Elle voulait qu'on voie qu'elle faisait ce qu'il fallait. Ça n'allait pas plus loin.

Il y a eu d'autres complications avec l'enterrement : les fossoyeurs étaient en grève. C'était donc à des soldats que l'on demandait de creuser les tombes. Mais ce n'était pas mes oignons, d'après maman.

— Ne te mêle pas de ça.

Elle a choisi les fleurs, une couronne bleue et blanche avec un médaillon de saint Christophe au milieu. Je n'avais même pas le droit de choisir les fleurs pour mon propre fils. Les funérailles de mon garçon étaient planifiées sans que j'aie mon mot à dire. Je me réconfortais en me disant qu'au moins, il avait son hochet, même si c'était un secret. Le petit hochet, caché sous sa couverture, était le seul signe que j'étais sa mère. Le matin de l'enterrement, Jock est venu à la maison et a dit avec son arrogance coutumière :

— J'aimerais porter le cercueil.

— Je ne crois pas, mon pote, a répondu John Wood.

Comme ils ont commencé à se disputer, je suis allée m'enfermer dans la pièce d'à côté. Le regard perdu par la fenêtre, je les entendais crier et s'insulter. Je trouvais ça mal, le jour où Christopher allait être inhumé. Où était le respect pour sa si courte vie ? Comme d'habitude avec eux, c'était un combat de coqs. Chacun voulait avoir le dessus.

— C'est moi l'homme de la maison, hurlait Jock. C'est à moi de le porter.

— Je suis le chef de famille, criait John Wood. Tu ne vis même pas ici.

Ça dégénérait, j'étais à peu près sûre qu'ils étaient déjà en train de se pousser et de se bousculer. Jock était plus grand que John Wood, et beaucoup plus fort. Je savais qu'une bagarre se terminerait mal pour John Wood. Je me demandais si la vraie raison de leur querelle n'était pas la paternité de Christopher. Si Jock insistait tant pour porter le cercueil, n'était-ce pas parce qu'il avait compris, comme moi, qu'il était le père de Christopher ? Pourtant, comme d'habitude, je ne suis pas intervenue.

Soudain, ma mère est arrivée au pied de l'escalier et le silence est revenu.

— Fermez-la tous les deux ! Les gens vont parler. Tu ne porteras pas ce foutu cercueil, Jock, ne sois pas ridicule.

Pour finir, ce sont les croque-morts qui ont porté le tout petit cercueil en bois très simple surmonté d'une croix. Je n'étais pas habituée à l'église ; pour moi, ces lieux étaient spontanément synonymes de paix et de recueillement, mais ce jour-là j'ai dû me forcer à remonter l'allée centrale. J'avais des semelles de plomb. Il y a eu un chant, mais pas de lectures. Rien pour signaler à quel point Christopher était spécial et sa mort, un anéantissement pour moi. J'avais l'impression d'être volée, ou qu'on me laissait tomber.

Dehors, au bord de la tombe, il pleuvait. J'avais lu tant de romans où les éléments soulignent faussement les émotions des personnages, mais là on aurait vraiment dit que les anges pleuraient.

J'étais trempée jusqu'aux os à cause de mon manteau trop fin, mais je le remarquais à peine. Mon chagrin était trop grand pour que le froid ou la pluie m'atteignent. Beaucoup de gens bordaient le chemin de l'église au cimetière. Il avait été aimé par beaucoup, mais c'était un bien maigre réconfort.

Quand on a déposé son cercueil au fond de la tombe, j'ai eu envie de me jeter dedans pour le rejoindre.

Maman a invité tout le monde à la maison après la cérémonie. Je suis restée dans la cuisine à fixer le bout de mes chaussures, avec l'impression d'être une pièce rapportée. Toute la famille semblait avoir oublié que j'étais la mère de Christopher. Ou alors c'était ce qu'ils voulaient que je croie. J'ai quand même reçu quelques marques de soutien et de gentillesse.

— C'était un très beau garçon, m'a dit Betty, notre voisine. Je suis sincèrement désolée, ma chérie.

D'autres, mal à l'aise, semblaient ne pas savoir quoi dire. Un homme m'a même dit :

— Tu es encore jeune. Au moins, ça va te permettre de reprendre ta vie sans avoir à supporter le poids de cette honte.

J'ai failli m'étrangler. Comme si la mort de Christopher était une bénédiction, une échappatoire pour moi. Je n'arrivais pas à croire à une telle ignominie. J'ai couru dans ma chambre pour pleurer tout mon soûl.

Maman m'a poursuivie dans l'escalier, et à peine entrée dans la chambre, elle m'a battu comme plâtre, sans pouvoir s'arrêter. Prostrée sur le lit, je ne me défendais même pas. Je n'en avais plus rien à faire. Je ne voulais pas de ce monde sans Christopher.

— Regarde-moi ! a ordonné ma mère d'une voix basse, grave. Je veux la vérité. Qui est le père ? Lequel ?

Cela a été comme une déflagration dans ma tête. J'avais enfin la certitude qu'elle savait. Elle était au courant que Jock me violait. L'avait-elle toujours su ? J'avais l'impression qu'elle m'enfonçait un poignard en plein cœur.

— Alors ?

Elle gardait le contrôle de sa voix.

— Je ne sais pas, j'ai marmonné.

Elle s'est assise sur moi à califourchon, ses genoux immobilisant mes bras, et m'a frappée encore et encore

Et puis, du coin de l'œil, j'ai vu la porte s'ouvrir et se refermer aussitôt. Ça s'était passé très vite, je ne sais pas qui était de l'autre côté, mais ça a suffi à arrêter les coups. Maman m'a jeté un dernier regard de pur dégoût avant de quitter la chambre. Les gens parlent sans cesse de « l'enfer sur terre », mais pour moi, il se trouvait ici, dans cette maison.

Cette nuit-là, j'ai parlé à Christopher jusqu'à l'aube.

— Maman sera bientôt avec toi, mon ange, lui promettais-je. Je pense à toi chaque seconde de chaque jour.

Pendant quelques semaines, je suis allée tous les jours sur sa tombe. Je restais assise des heures d'affilée, à fixer le monticule de terre sous lequel se trouvait le corps de mon fils. Je lui parlais en permanence, avec l'espoir fou qu'il me réponde. Tous les soirs, quand la nuit tombait, on venait me chercher pour me ramener à la maison. Je suivais comme un zombie, en sachant que je saisirais la première pour revenir.

Plus que jamais, je détestais la maison. Je voyais le landau de Christopher rouler en couinant dans la rue. J'entendais les petits bruits qu'il faisait dans son sommeil. Je sentais sa peau de bébé contre la mienne. Dans chaque pièce, quelque chose me rappelait son absence. Cela me faisait suffoquer autant que cela me réconfortait. Je mourais d'envie de le revoir, de le sentir. Et j'étais hantée par son fantôme. Je rêvais qu'il pleurait et que je fouillais la maison à sa recherche.

— J'arrive, Christopher, j'arrive.

Mais les pleurs s'aggravaient, devenaient de plus en plus insistants, il devait souffrir, ses cris devenaient urgents. Alors je me réveillais en sursaut, seule dans ma chambre, et je découvrais une nouvelle fois la cruelle et impitoyable vérité. Je le pleurais encore et encore, et je m'épuisais physiquement et moralement.

Désespérant de trouver la paix, je restais hors de la maison de plus en plus longtemps. Un soir, j'ai fait le mur. Puis j'ai tourné en rond dans le cimetière jusqu'aux premières heures du jour. Je n'avais pas l'intention de rentrer, Christopher me manquait, son odeur, le creux que son corps avait imprimé dans le matelas de son berceau. Mais j'ai fini par prendre le chemin du retour, en rentrant à pas feutrés. Je n'avais manqué à personne. Personne ne semblait remarquer à quel point j'étais en détresse. Sans Christopher, rien ne comptait. Un partie de moi était morte. Je menais une demi-vie, tel le spectre derrière un rideau qui attend de passer enfin de l'autre côté.

8

Je pensais que les viols étaient terminés. Il ne s'était rien passé depuis la confirmation de ma grossesse, presque sept mois plus tôt. C'était le seul rayon de lumière dans un monde de ténèbres, même si cela n'avait que peu d'effet sur mon moral. Mais à peine quelques semaines après l'enterrement de Christopher, je me suis retrouvée seule avec John Wood à la maison.

J'étais dans ma chambre à parler en silence à Christopher, les yeux fermés et les joues couvertes de larmes. Quand la porte s'est ouverte et que j'ai vu John Wood dans l'encadrement, je n'ai pas immédiatement senti le danger. Après tout ce temps, je ne m'attendais plus à ces horreurs. Mais il s'est approché de moi avec un regard fiévreux et il m'a plaquée violemment contre la tête de lit. Il n'y avait pas eu de signe annonciateur. Pas d'avertissement. Il m'a violée plus brutalement que jamais.

Des postillons crachés venaient me poisser les cheveux tandis que son haleine rance me donnait la nausée. J'ai senti mes bras bleuir sous son emprise. On aurait dit qu'il essayait de provoquer autant de peur et de douleur que possible. J'avais l'impression d'être violemment attaquée par un inconnu. Ce viol n'était pas comme les autres. Il s'est terminé rapidement, mais je savais que la cicatrice ne se refermerait jamais. Il a quitté la chambre en s'essuyant la bouche du revers de la main et en lissant son bouc pointu. Il n'a pas dit un mot. Il ne s'est même pas donné la peine de me menacer pour que je me taise. Il savait sans doute que c'était inutile.

J'étais pétrifiée, littéralement. Transformée en statue, je n'ai pas pu bouger de la journée. Dans les heures qui ont suivi, j'ai compris que ce viol était une punition. Il me détestait parce que Christopher était mort. Comme ma mère, il me blâmait. J'étais écrabouillée, à la fois vide et transparente. J'étais complètement finie, non seulement comme mère, mais comme être humain. Les jours suivants, j'arrivais à peine à parler. Et sous ma souffrance bouillonnait une rage intense. J'en voulais à la vie pour tout ce que j'avais à subir. Moi qui avais toujours aimé aller à l'église, qui étais une bonne chrétienne, je me suis retournée avec véhémence contre Dieu et la religion.

— Quel Dieu s'en prend à un bébé ? Qu'y a-t-il de juste là-dedans ?

John Wood faisait sa bière lui-même et la stockait dans la réserve, une petite pièce derrière la cuisine. Il en avait des bouteilles et des bouteilles, et je savais que ma mère et lui, tous deux gros buveurs, ne remarqueraient pas si quelques-unes disparaissaient. J'ai commencé à boire la nuit, quand tout le monde dormait. Le matin, j'étais souvent encore ivre, et en même temps d'une étrange sobriété. Je me fichais qu'on me surprenne à boire. Que pouvaient-ils me faire que je n'avais déjà enduré ? J'avais tellement envie d'être avec Christopher que s'il fallait mourir, j'y étais disposée. Je ne risquais pas de manquer à ma famille, de toute façon.

Les services sociaux sont venus me voir, sans doute parce que je passais trop de temps au cimetière, et aussi parce que je fuguais de plus en plus souvent. Les assistantes sociales venaient plus ou moins régulièrement depuis que nous avions été placés tout petits, et désormais elles semblaient s'intéresser à moi.

— Tu es assez difficile ces temps-ci, m'a dit l'une d'elles.

Une fois de plus, j'avais envie qu'elle me pose la question. La *bonne* question. Mais elle ne l'a pas fait. Après en avoir discuté avec mes parents, elle a préféré me placer dans un foyer pour enfant, juste une semaine, le temps de faire une évaluation.

— D'accord, ai-je dit avec résignation.

Sur le chemin du foyer, elle a laissé entendre que cette petite pause ferait aussi du bien à mes parents. Elle était si outrageusement à côté de la plaque que j'ai eu un petit rire nerveux.

Le foyer pour enfants testait une nouvelle technique comportementale qu'ils appelaient « l'immobilisation », qui consistait à isoler les enfants et à leur dénier le moindre droit. J'avais l'impression d'arriver en prison. Je n'avais même pas le droit de sortir de ma chambre pour aller aux toilettes. Je devais tambouriner contre la porte pendant des heures pour demander la permission, au point qu'il m'est arrivé de me faire pipi dessus. C'était dégradant et humiliant. Je ne voyais pas comment cela pouvait aider des enfants à mieux se comporter. Des années plus tard, cette technique a été interdite. Pour moi, ça n'a eu qu'un faible impact, parce que mes pensées étaient dominées en permanence par le deuil de mon fils. Et qu'être libre ou enfermée ne faisait aucune différence à mes yeux.

À mon retour à la maison, je suis retournée à l'école à plein temps, mais je n'arrivais plus à m'y intéresser. Les filles de ma classe avaient pour uniques centres d'intérêt le maquillage, les fringues et les garçons. Les éternelles questions des adolescentes.

— Tu vas acheter une robe pour samedi ? On sort, Maureen, viens avec nous. Mets un peu de maquillage et profite de la vie.

Apathique, je secouais la tête. Je me sentais insultée par ces trivialités. Au fond, j'étais en colère que le monde continue à tourner rond. Mes amis discutaient des nuances des rouges à lèvres pendant que j'étais obnubilée par le pourrissement du corps de mon fils sous son monticule de terre. Je l'imaginais seul, en pleurs, appelant sa maman.

Je suis devenue encore plus seule et aliénée qu'avant. La douleur creusait un fossé entre mes camarades et moi. Je ne pouvais pas redevenir une ado. Retrouver l'insouciance de la jeunesse. Alors je restais seule avec ma tristesse. Je travaillais bien en classe, j'apprenais mes leçons, et je me débrouillais pas mal en littérature et arts domestiques – la lecture et la cuisine me portaient depuis si longtemps – mais j'avais l'esprit ailleurs.

Un jour, un élève est venu vers moi avec un sourire mauvais :

— T'es encore enceinte, hein ?

— Non ! N'importe quoi !

Mais la rumeur est revenue, encore et encore.

— Ils racontent que tu vas avoir un autre bébé parce que tu es une salope, m'a confié une amie.

J'étais dans une rage folle. En s'attaquant à ma personne, ils s'en prenaient aussi à la mémoire de Christopher. En me renseignant, j'ai été consternée d'apprendre que ce mensonge venait de ma plus proche amie.

— Comment as-tu pu ? lui ai-je lancé.

Aveuglée par la rage et convaincue que c'était la bonne manière de défendre la réputation de mon fils, je l'ai tirée par les cheveux et mise à terre.

— Répète pour voir, espèce de menteuse !

Je savais que je cherchais à me soulager de ma douleur sur elle. Elle ne méritait pas une réaction aussi violente. On m'a conduite dans le bureau de l'adjointe du directeur, où j'ai tout avoué. Elle m'a raccompagnée à la maison, et j'ai soudain été frappée de panique parce que maman allait sortir de ses gonds en apprenant cette histoire, et que je risquais de prendre deux fois plus cher que ce que j'avais mis à la fille. Mais je me trompais. Plantée sur le seuil, maman a retroussé ses lèvres et a dit :

— Ma foi, l'autre devait bien le mériter.

Il n'y a eu aucune conséquence, même pas un sermon. L'école m'a renvoyée une semaine, c'est tout. Je me trouvais chanceuse. Je ne comprenais pas la réaction de ma mère. Normalement, elle ne perdait pas une occasion de me châtier. Elle était toujours incohérente, imprévisible, ce qui la rendait d'autant plus difficile à vivre.

Malgré mon manque d'enthousiasme pour l'école, cela restait une chance de ne pas être à la maison, surtout pour ne pas me retrouver seule avec John Wood. Depuis le viol brutal après la mort de Christopher, je m'efforçais de ne jamais être dans la même pièce que lui. Respirer le même air que lui m'était insupportable. Mais maintenant que mes grands frères et sœur quittaient la maison, et comme ma mère travaillait le soir, il était inévitable que je me retrouve parfois seule à la maison avec lui. J'essayais de m'éclipser, mais quand il s'en apercevait, il m'obligeait à rester. Et de temps à autre, j'en suis sûre, il manquait le travail ou mentait sur ses horaires pour me prendre en embuscade dans ma chambre.

Il entrait, avec ses yeux vitreux derrière ses lunettes, et commençait aussitôt à défaire sa ceinture. Savoir ce qui allait suivre me glaçait. Mon cœur battait si fort que je me croyais prête à mourir. Il ne parlait pas. Il n'en avait pas besoin. Il savait que je ne dirais rien. Quand il n'y avait que nous deux, il ne ratait jamais une occasion de me violer. Les semaines où il commençait tard le soir, il arrivait qu'il me viole tous les jours. À la fin, j'avais l'impression d'être un morceau de chewing-gum qu'on mastique avant de le cracher.

J'étais absolument impuissante. Je ne pouvais pas me battre contre lui. Et je ne voyais même pas à qui en parler. Qui m'aurait crue ? Pourquoi quiconque aurait-il pris ma défense ? Ça n'était jamais arrivé et ça n'arriverait pas. John Wood était respecté et aimé autour de nous. Il avait des amis en pagaille. Je n'étais qu'une ado récalcitrante et fugueuse qui avais déjà connu une grossesse et un deuil. Et je n'avais ni amis, ni famille, pas même une mère aimante. Personne ne se souciait de moi, alors pourquoi me serais-je souciée de moi ? Je vivais pour rien. La perte de Christopher avait achevé de me briser. C'était un tournant. Depuis, ils ne pouvaient plus me faire de mal. J'étais au-delà de toute douleur.

À la Fête des mères suivante, je me suis réveillée le cœur lourd. Quand je suis arrivée en bas dans le salon, j'ai aussitôt senti une drôle d'atmosphère. Comme toujours, nous avions acheté des cadeaux pour ma mère, sur ordre de John Wood. J'ai tendu la carte et les fleurs obligatoires à ma mère et marmonné :

— Bonne fête des mères.

À ma grande confusion, elle m'a tendu en retour une carte ainsi qu'une boîte de chocolats. Je l'ai regardée en me demandant ce qui se passait.

— Ouvre la carte. Vas-y. Tu es une mère, après tout.

J'ai tourné la tête, au bord des larmes, mais elle m'a prise par le bras et a insisté :

— Ouvre-la !

En lisant la carte, un frisson m'a parcourue. Elle avait signé : « De la part de Christopher. »

J'ai laissé tomber la carte comme si elle me brûlait les doigts et suis remontée dans ma chambre en courant. Pour n'importe quel parent, perdre un enfant est une expérience horrible dont la douleur ne s'efface jamais. Moi, j'avais perdu mon enfant et aussi ma place de mère.

Depuis la mort de Christopher, plus personne ne prononçait son nom. Personne ne parlait jamais du fait que j'étais mère, même amputée de mon enfant. Cela aussi m'avait été arraché. J'avais perdu mon fils et je m'étais perdue comme mère. Et maintenant, la seule référence à cette époque était une carte triste et atroce de ma mère. Quelle sorcière malveillante elle faisait ! Et pourquoi me haïssait-elle tant ? Je ne pouvais pas sombrer plus bas que ce jour-là.

En 1985, l'année qui a suivi la mort de Christopher, ma famille a déménagé. Ça ne me plaisait pas, je voulais rester avec mes souvenirs. Je voulais respirer l'air où il y avait encore quelques vestiges de lui. Bien sûr, personne ne m'a écoutée. Et dire adieu à la chambre où il avait dormi, au salon où il était mort, était une torture.

Quand tout a été mis en cartons, je suis retournée dans la chambre vide et désolée, et je lui ai fait un dernier adieu.

— Je ne pars pas sans toi, ai-je promis. Je ne t'oublierai pas.

Mais mes mots me semblaient aussi vides que la pièce. Le monde poursuivait sa route et le laissait au bord du chemin. En fermant la porte une dernière fois, j'ai eu l'impression que mes plaies se rouvraient, aussi fraîches qu'au premier jour.

La nouvelle maison ne changeait rien pour moi : il y avait un autre lit où dormir et se faire violer. L'adresse avait changé, mais les miasmes du mal nous avaient suivis. Ma mère a annoncé que j'allais changer de nom de famille pour m'appeler « Wood », moi aussi. C'était un coup dur de plus, mais je ne pouvais rien y faire.

— Maureen Wood, ai-je répété. C'est le même nom que toi.

Maman a hoché la tête d'un air magnanime, comme si c'était elle qui me faisait une faveur.

À ce moment-là, mon intérêt pour l'école s'était complètement évanoui et je commençais à sécher les cours. Je m'acoquinais avec d'autres mauvais élèves, nous passions nos après-midi au pub à boire des vodkas en mangeant des chips. Vers la même époque, à quinze ans, j'ai rencontré mon premier petit ami, Dave, grâce à une amie d'école. Je ne m'intéressais ni au sexe ni aux garçons, mais Dave et moi avons discuté toute une soirée chez l'amie en question, et je l'ai trouvé doux et protecteur. À vrai dire, il ne me plaisait pas plus que ça, mais j'aimais bien sa personnalité. Il était bon pour moi. Et il n'insistait pas lourdement pour coucher avec moi.

Six mois se sont écoulés avant que le sexe fasse son apparition dans notre relation. La première fois, nous étions allés au pub ; chacun de nous espérait que je boive trop, mais sans doute pas pour les mêmes raisons. Il n'est en rien responsable du fait qu'après l'acte lui-même, j'ai juste eu l'impression d'avoir coché une case, et que mon principal sentiment ait été le soulagement. Contrairement à toutes mes précédentes fois, au moins j'avais donné mon consentement. Et ce simple fait aurait sans doute dû avoir plus d'importance que cela n'en a eu sur le moment. Je commençais à me demander si je pourrais un jour apprécier le sexe ou s'il serait irrémédiablement ruiné pour moi. Le pauvre Dave n'avait aucune idée de tout ce que j'avais subi, si bien que je devais avoir l'air d'une énigme pour lui. Peut-être sentait-il le poids du chagrin qui me tirait en permanence vers les abîmes. De mon côté, je crois que je cherchais une issue. Une raison de quitter le toit familial. Je voyais tout le monde autour de moi avoir des relations, s'installer en couple, et je voulais faire la même chose.

Mais quand ma mère l'a rencontré, son verdict a été net :

— Il est beaucoup trop vieux pour toi, Mo-Jo.

L'ironie de cette déclaration lui passait sans doute au-dessus de la tête.

J'ai quitté l'école l'année suivante sans diplôme. C'était une déception, malgré tout. J'avais été autre-fois l'une des plus brillantes élèves de ma classe, les professeurs étaient convaincus que je réussirais. Mais j'avais tourné le dos au monde, parce que j'avais le sentiment que le monde lui-même m'avait tourné le dos. Rater mon examen était une sorte de déclaration, mais cet acte de rébellion me faisait l'effet d'un pétard mouillé à l'annonce des résultats. Néanmoins, j'avais réussi l'examen en arts domestiques, ce qui allait me servir. Cuisiner, comme lire, était une thérapie et une catharsis pour moi. Ces bouées de sauvetage auront été une constante dans ma vie.

Je n'avais toujours que seize ans quand ma mère est partie quinze jours en vacances en Écosse pour voir sa famille, me laissant seule à la maison avec John Wood. Quand la porte s'est refermée sur elle, il s'est tourné vers moi et m'a dit :

— Tu es ma femme cette semaine.

Sa franchise m'a glacée. Je sentais presque mon sang se figer dans mes veines. Aujourd'hui encore, je suis furieuse contre moi de ne pas m'être enfuie sur-le-champ. Mais ce n'était pas si simple. Il m'effrayait, et ma mère aussi. Et je ne savais pas si elle était au courant de son petit projet, c'est-à-dire si elle avait organisé son voyage pour lui plaire. Et même si j'avais fui, je ne leur aurais jamais vraiment échappé – ils auraient fini par me rattraper.

Je n'avais plus vraiment envie de me battre, à vrai dire. La seule issue souhaitable et durable aurait été la mort. Mais malgré mon désir de retrouver Christopher, je n'étais pas prête à renoncer à la vie. Je ne pensais pas au suicide. J'étais une rescapée, et malgré tout j'espérais survivre encore.

Ce soir-là, je montais dans ma chambre me coucher quand John Wood m'a attrapée par la taille et m'a plaquée contre l'escalier. Il m'a violée là, sur les marches. Il était démoniaque, sauvage, inhumain. Ses mains autour de ma gorge. Sa barbe contre mes joues. J'ai vraiment cru qu'il allait me tuer. Pour la première fois, je craignais pour ma vie. Quand il a eu fini, il m'a enjambée comme un déchet abandonné pour aller à la salle de bains. Je suis restée là, pliée en deux, arrivant à peine à croire que je respirais encore. J'ai fini par réussir à me traîner jusqu'à mon lit, trop terrifiée pour rester où j'étais mais aussi pour partir de la maison. Jamais Christopher et ma maternité ne m'avaient paru si loin.

Le lendemain matin, à cinq heures, je devais me lever pour aller au travail. Après avoir quitté l'école, j'avais trouvé un travail dans une usine qui fabriquant des composants électriques pour des voitures. Comme un robot, je me suis brossé les dents, me suis habillée, et je suis sortie discrètement, laissant le diable dormir derrière moi. À mon retour du travail, j'ai préparé le repas pour John Wood et nettoyé la maison. J'étais en pilote automatique ; endoctrinée, je suivais les règles. Ce soir-là, il est rentré à vingt-deux heures du travail.

— Où est mon repas ?

Dans son esprit, il jouait à un jeu pervers, maladif, où j'étais sa femme-enfant. Et moi, obéissante, je m'y pliais. Après avoir mangé, la même routine horrible a recommencé. Il m'a violée encore et encore, toute la nuit, jusqu'à ce que l'heure soit venue pour moi d'aller au travail. Il n'a pas dormi, d'ailleurs il n'avait pas l'air fatigué. Il fonctionnait à l'adrénaline : chaque viol lui donnait l'énergie de relancer une autre attaque.

Je sanglotais.

— S'il te plaît, je n'en peux plus.

Mais il grognait et recommençait. Quand l'aube est venue et que j'ai dû partir travailler, il est sorti du lit. Il ne respectait ni mon envie ni mon corps. En revanche, il respectait mes horaires de travail. Et bizarrement, alors que je n'avais pas été capable de me forcer à décamper pendant la nuit, j'ai su me forcer à prendre une douche et à me préparer pour le travail, comme d'habitude. C'était comme un lavage de cerveau ; je ne pensais plus. Et John Wood se sentait sûr de lui, il était tellement convaincu de sa domination qu'il me laissait partir au travail, sachant très bien que je n'aurais pas la confiance ou l'impudence de trahir son secret.

Ce matin-là j'étais en formation afin de me préparer au travail de bureau. J'avais mal au crâne, et l'esprit ailleurs. Je luttais pour me concentrer. Au beau milieu de la séance, ma cheffe m'a convoquée dans son bureau. J'étais paniquée. J'avais peur qu'elle me licencie.

— Maureen, qu'est-ce qui t'arrive ? m'a-t-elle doucement demandé.

Je l'ai regardée sans comprendre. Personne ne m'avait jamais demandé ce qui m'arrivait de cette façon. Personne n'avait abordé de front le problème. Et maintenant que l'occasion se présentait, j'étais tétanisée.

— Tu es couverte de bleus, tu es pâle. Franchement, tu as l'air mal en point. Je sais qu'il t'est arrivé quelque chose et je veux t'aider. Parle-moi, s'il te plaît. Dis-moi d'où viennent ces bleus. Raconte-moi ce qui t'arrive.

Sa gentillesse m'a bouleversée. Et sans même que je sache ce que je faisais, les mots ont commencé à sortir en vrac. Comme si j'attendais depuis toutes ces années, depuis mes huit ans, que quelqu'un me demande ce qui m'arrivait.

— Mon beau-père me viole, et ça dure depuis des années.

Les mots se bousculaient.

— Il me viole, il n'arrête pas, il est violent, en colère, et je crois qu'il va finir par me tuer.

C'était un torrent, comme si un barrage venait de céder. Et à mesure que je parlais, en larmes, je me sentais plus légère, délestée d'un poids. À la fin, j'avais l'impression que je pourrais flotter en l'air.

— Où est ta mère ? m'a-t-elle demandé, pleurant elle aussi. Où sont tes frères et sœurs ?

Je me suis refermée comme une huître. Bloquée. Les viols de ma mère étaient impensables. Inracontables. C'était le tabou ultime, et je n'étais pas prête à prononcer ces mots à voix haute. Je n'étais même pas prête à me l'avouer à moi-même.

— Elle est en vacances. Ils ne m'aideront pas.

— Je vais appeler les services sociaux, m'a dit ma cheffe. Il faut qu'on te trouve de l'aide.

Elle a passé des coups de fil, puis m'a conduite elle-même aux services concernés. Sa gentillesse me remplissait de gratitude, mais j'étais un peu stupéfaite aussi. Pourquoi m'aidait-elle ? Cette femme venait de changer ma vie. Elle me l'avait même probablement sauvée. Et pourtant, je ne connaissais pas son nom. Quand elle m'a déposée, elle a posé une main sur la mienne et m'a dit :

— Bonne chance, Maureen. Ça va aller mieux à partir de maintenant.

Et puis, elle est partie. À l'intérieur, une assistante sociale m'a emmenée dans une petite pièce, a ouvert un dossier et m'a dit :

— Si j'ai bien compris, tu as lancé une accusation d'agression sexuelle.

— Ce n'est pas une accusation, ai-je répondu. C'est juste ce qui m'arrive.

— Est-ce que tu voudrais porter plainte à la police ?

J'ai secoué la tête.

— Non, non.

Je ne voulais pas aller jusque-là. Je n'avais pas envie d'affronter les examens et les traumatismes. Surtout, je ne voulais pas causer d'ennuis à ma famille. Je voulais juste une porte de sortie.

— Je veux juste partir, ai-je dit d'une voix désespérée. S'il vous plaît, faites-moi quitter cette maison.

L'assistante sociale a acquiescé et a quitté la pièce quelques minutes. À son retour, elle m'a dit :

— Je t'ai trouvé une place en foyer de soutien, mais tu ne peux pas emménager immédiatement. Tu devras aller à des réunions avec les autres résidents qui valideront ton arrivée, et tu devras accepter d'avoir une aide psychologique.

J'ai fait signe que je comprenais. C'était le début. Le début de la fin de mes souffrances.

Ce soir-là, j'étais pétrifiée à l'idée de rentrer à la maison mais je n'avais nulle part où aller. Les viols ont continué toute la semaine ; parfois, son agressivité durait toute la nuit. Il semblait prendre un plaisir pervers à savoir que nous avions la maison pour nous deux et qu'il pouvait me violer à volonté. Il m'a même violée la nuit juste avant que maman ne rentre d'Écosse. Quand elle a franchi la porte, elle a dû voir tout de suite que j'étais couverte de bleus et de griffures. J'étais d'une maigreur atroce, d'une pâleur mortelle, et épuisée. Si une inconnue – ma cheffe – s'en était aperçue, ma mère ne pouvait pas ne pas le voir.

— Tu as été bien sage ? m'a-t-elle demandé, mais en regardant son mari pour avoir confirmation.

Il n'a pas répondu, mais son sourire en disait assez long. Je ne savais pas si elle était au courant. Elle ne m'avait pas touchée une seule fois depuis que j'étais tombée enceinte de Christopher, mais je n'arrivais pas à croire qu'elle n'avait pas compris. Cette semaine-là, elle John Wood ont eu une dispute terrible, et je l'ai entendue distinctement lui dire :

— Admets-le ! Tu préfères la baiser ! Tu préfères baiser ma fille !

Je n'avais pas besoin d'autre confirmation. Elle savait qu'il me violait. Et maintenant, comme si les choses ne pouvaient pas devenir plus absurdes, elle était jalouse de moi. Je mettais leur mariage en péril. C'était d'une laideur tellement surréaliste que ça en devenait presque comique.

En secret, je suis allée à des réunions hebdomadaires à la nouvelle maison. Je m'entendais bien avec les autres résidents. Ils avaient autour de mon âge, à peu près. Comme moi, ils avaient des problèmes chez eux, même si je doutais que leur famille soit aussi atroce que la mienne. Lors de ces dernières semaines sous le toit familial, John Wood ne m'a plus touchée. C'était déroutant, cette manière d'arrêter de me violer. Peut-être sentait-il que j'avais retrouvé de la confiance en moi et développé une indifférence vis-à-vis de lui et de la vie à la maison. Comme si je dégageais une odeur nouvelle qui l'avertissait de prendre garde. Je n'étais plus une cible offerte, une victime consentante. Je reprenais du poil de la bête. Je leur répondais du tac au tac, à maman et à lui.

— Sers-nous à boire, Mo-Jo, disait ma mère.

— Je suis occupée, je le ferai plus tard.

J'étais épatée par cette nouvelle moi, et je l'aimais bien. Je bâclais mes corvées domestiques. Je restais dehors tard le soir. Ma relation avec Dave était terminée, mais nous étions en bons termes. À défaut d'être insouciante, je me sentais mieux, plus vivante que depuis longtemps. Les réunions au foyer de soutien se passaient bien. Je me suis liée peu à peu avec les ados qui y vivaient, et quand ils m'ont confié un trousseau de clé, j'ai chanté de joie. Je suis rentrée à la maison en sautillant avec mes clés – mes clés – dans la poche.

— Où est-ce que tu étais ? a tempêté ma mère. Il est neuf heures et tu étais censée nous préparer le repas.

— Je déménage, ai-je annoncé, incapable d'effacer le sourire de mon visage.

Elle m'a dévisagée comme pour voir si je mentais.

Puis elle a rétorqué :

— Fais tes valises et va-t'en. Sors de ma maison !

John Wood s'est interposé, il voulait m'arrêter, me persuader de changer d'avis. Il était moins impétueux que ma mère. Mais il était aussi plus intelligent.

— Réfléchis bien à ce que tu fais, m'a-t-il dit avec une note de menace.

Il voulait me faire peur. Mais je savais qu'au fond, c'était sans doute lui avait le plus peur. Peur de perdre son défouloir sexuel. Et encore plus peur que j'ouvre la bouche.

L'engueulade a duré jusqu'à une heure du matin. Enfin, j'ai réussi à m'échapper et à monter dans ma chambre pour prendre le peu d'affaires que j'avais. Ça ne se montait pas à grand-chose après seize ans de vie : quelques survêtements, des jeans, des baskets. Et des livres. Mes merveilleux livres. Mes chapelets. Et c'était tout. Je n'avais pas une seule photo de Christopher. Maman s'en était assurée. Après sa mort, elle avait ramassé tout ce qui rappelait son existence et je n'avais même pas eu le droit de garder ne serait-ce qu'un petit bonnet ou une paire de mitaines. C'était comme une punition ; elle m'avait confisqué ses vêtements, son landau et tout ce qui restait de lui, parce qu'elle savait que je voulais les voir et les sentir. Des années plus tard, quand j'ai trouvé le courage de les lui demander, elle m'a répondu :

— J'ai tout jeté. Il ne reste rien.

Une fois tous mes biens terrestres rangés dans trois sacs à dos, je me suis assise sur le lit et j'ai balancé mes jambes jusqu'à cinq heures du matin, l'heure de passage du premier bus. Puis j'ai descendu l'escalier à pas de loup et je suis sortie dans l'air frais du petit matin. Je m'en étais tirée. Je ne reviendrais plus jamais. J'étais libre.

Alors que je remontais la rue, avec mes sacs qui traînaient derrière moi sur le pavé, j'ai soudain entendu une voiture qui ralentissait derrière moi. L'espace d'un instant j'ai paniqué, pensant que John Wood et maman avaient envoyé quelqu'un pour m'enlever. Mais c'était une voiture de police. L'agent a baissé sa vitre et m'a demandé :

— Où allez-vous comme ça à cette heure ?

Je lui ai expliqué que je quittais ma maison, et il a proposé de me déposer.

— Non, ai-je décliné poliment.

Je me méfiais.

Je voulais faire cela par mes propres moyens. Et je m'inquiétais encore qu'ils me ramènent à la maison. Pour finir, la voiture m'a suivie lentement dans la rue et l'agent a vérifié que je montais dans le bus avant de s'éloigner. C'était encore un acte de pure gentillesse dont je me souviendrai à jamais.

Dans le bus, je frémissais d'excitation. Je regardais par les vitres crasseuses les devantures des magasins et les façades des maisons qui défilaient dans l'obscurité. Çà et là, j'apercevais une lumière allumée derrière des rideaux. Le monde commençait à se réveiller, et moi aussi. Évidemment, je ne savais rien de ce qui m'attendait. Mais je savais que ce serait forcément mieux que ce que je laissais derrière moi. Comment me serais-je doutée qu'on ne se débarrasse pas du passé comme on enlève un vieux manteau poussiéreux ?

9

Au cours des mois suivants, ma vie a été merveilleusement normale et routinière. Comme la plupart des ados de mon âge, je ne savais pas gérer mon budget. Je devais apprendre à faire des courses chaque semaine et à m'organiser. Les premières semaines, je dépensais tout mon argent en une soirée et devais vivre de pain sec les six jours suivants.

— On a tous fait ça, Maureen, a rigolé une de mes colocataires.

J'ai vite dû me mettre un peu de plomb dans le crâne. Et de toute façon, j'adorais cuisiner pour mes colocataires et pour moi. Je leur mitonnais des plats simples pour trois fois rien.

— C'est super, disaient-ils. Tu devrais devenir cuisinière.

C'était nouveau pour moi d'être appréciée, et je dois dire que cela me plaisait. Nous vivions dans une grande maison victorienne de trois étages dans le centre de Stoke-on-Trent. J'avais ma chambre et nous partagions salon, salle à manger, salles de bains et cuisine. Les lieux étaient propres, voire impeccables. Et chaleureux.

Mais surtout, je m'y sentais en sécurité. Pour la première fois de ma vie, je n'avais pas peur. Je fermais ma porte en sachant que personne n'entrerait sans ma permission. Pour moi, c'était énorme. Je participais aux séances de thérapie de groupe convenues avec les services sociaux. On s'asseyait en cercle, et je me sentais horriblement exposée et vulnérable.

— Tu peux nous dire comment tu te sens ? me demandait la psy.

Mon Dieu. Par où commencer ? Ce n'était pas la faute de la psy, bien sûr, mais elle n'était pas en mesure de m'aider. Je continuais néanmoins les séances afin de m'acquitter de ma part du contrat, mais je ne lâchais rien

Environ un mois après mon emménagement dans ce foyer, je suis tombée par hasard en ville sur une vieille amie de l'école. Quand elle m'a demandé si elle pouvait me raccompagner, j'ai eu un vague pressentiment. Et plus tard, assises sur mon lit, alors que nous discutions nerveusement, elle s'est penchée vers moi et m'a embrassée. À cet instant, j'ai découvert que je préférais de loin embrasser des filles. Je n'avais même jamais envisagé cette possibilité. Nous ne nous sommes pas revues après cette soirée. Je n'étais pas prête pour une relation avec quiconque, mais cet épisode devait rester un souvenir que je chérirais ; une petite pièce du puzzle qui, une fois achevé, me permettrait d'être complète.

Je ne voulais pas retourner à l'usine où j'avais travaillé. J'étais certaine que tout le monde devait être au courant de ce qui s'était passé, ils parleraient dans mon dos.

— C'est elle, celle qui s'est fait violer par son beau-père. Pendant des années, il paraît…

Je n'arrivais toujours pas à me défaire de l'idée que tout cela était ma faute, et j'avais beaucoup trop honte pour revenir à mon travail. Je ne suis même pas allée remercier ma cheffe, ce qui est un de mes plus gros regrets. Je lui devais plus que je ne pouvais l'imaginer. Mais j'étais jeune et paumée, j'espère qu'elle m'a pardonné.

L'une des conditions pour vivre dans ma nouvelle maison étant qu'il fallait étudier ou travailler, je me suis inscrite à une formation pour devenir coiffeuse. Je travaillais dans un salon cinq jours par semaine, plus une journée au collège, et j'adorais ça. Le soir, quand j'avais assez d'argent, j'allais au pub ; sinon, je passais mon temps toute seule, dans ma chambre. Et pour être honnête, je préférais ces soirées où je restais seule. Un soir où j'étais dehors, j'ai croisé Dave, mon premier petit ami. Lui et moi nous étions éloignés tant que j'avais la tête sous l'eau, mais nous avons repris le cours de notre relation avec une grande simplicité. Dave était synonyme de sécurité pour moi. Pour autant, je préférais garder une forme de distance avec tout le monde. Christopher occupait toujours mes pensées et j'aimais rester avec lui. Je buvais beaucoup pour étouffer mon chagrin, ce qui ne faisait qu'empirer les choses. La dépression me guettait, et je savais que ce serait toujours une menace. Je devais apprendre à vivre avec.

En journée, il y avait une assistante sociale en permanence à la maison, et elle a insisté pour que j'écrive à maman afin de lui dire où je vivais. Apparemment, informer les parents faisait partie des règles. Obéissante, j'ai gribouillé un message sommaire avec mon adresse, puis, avec une certaine appréhension, j'ai glissé l'enveloppe dans la boîte aux lettres. Je me rassurais en me disant que le foyer était à une demi-heure de bus de mon ancienne maison de famille, et j'étais presque sûre que maman ne ferait jamais cet effort. Plusieurs mois plus tard, au milieu de l'automne, l'assistante sociale a frappé à ma porte pour m'annoncer :

—Maureen, tu as un visiteur. Deux, même.

Mon sang s'est figé. J'ai su tout de suite que c'était elle. Pourtant, elle ne m'avait pas prévenue. J'ai descendu l'escalier d'un pas tremblant. Je venais de régresser de dix ans en quelques secondes. Le simple fait de la voir dans l'entrée m'a flanqué une trouille bleue. Je me suis inquiétée un instant qu'elle cherche à me ramener de force à la maison. Elle avait amené une de mes sœurs avec elle, et aussi ma petite télé portable noir et blanc. C'était un vieux poste avec un bouton pour changer de chaîne.

—Eh bien, regarde qui se cache là, a dit ma mère comme si elle venait de me surprendre en pleine bêtise, comme si elle avait déjà le dessus.

Moi qui étais convaincue qu'elle essayerait de me faire revenir, je me trompais. En fait, elle voulait que je les accompagne pour essayer une robe. Ma sœur allait se marier au printemps suivant, et j'étais censée être l'une des demoiselles d'honneur.

—Il faut que tu viennes à la boutique samedi prochain, m'a dit maman. Si tu n'es pas là, tu peux être sûre que je viendrai ici et que tu entendras parler du pays. C'est pour le grand jour de ta sœur. Tu ne vas pas tout gâcher.

Elle a posé la petite télé sur ma commode avec une telle force que j'ai cru que l'écran allait exploser. Je ne comprenais pas pourquoi elle l'avait apportée. Elle devait y voir un intérêt, mais je ne voyais pas lequel.

Elles ne sont pas restées longtemps, heureusement, mais il m'a fallu des heures pour m'en remettre. Et même si j'aurais dû être contente pour la télé, étant donné que je n'en avais pas, je la détestais. Elle était en noir et blanc mais elle me rappelait les horreurs en Technicolor que j'avais subies à la maison. Et puis elle avait l'odeur de la maison. Jamais je ne l'ai allumée.

Comme je n'avais aucune envie de fâcher ma mère, je suis tout de même allée au magasin pour mariages le week-end suivant. Dès mon arrivée, j'ai repéré John Wood sur le trottoir. Il était là, debout, petit homme aux épaules voûtées avec ses lunettes et son bouc. Je ne l'avais pas revu depuis mon départ de la maison. Mon ventre s'est noué. J'avais beau me faire croire que j'étais courageuse et forte, je me liquéfiais rien qu'en le voyant.

— Bonjour, Maureen, m'a-t-il saluée, formel.

Je n'ai pas répondu. J'avais trop peur. Je suis rentrée dans le magasin, et il m'a suivie.

Comme c'était lui qui payait, il surveillait les opérations. Mais en dehors de cela, il n'avait pas son mot à dire. Je me suis efforcée de ne pas croiser son regard. Même si j'étais hors de portée désormais, j'avais le sentiment qu'il pourrait m'arracher à ma nouvelle vie s'il le désirait. J'avais l'impression d'être une possession de seconde main, déjà souillée. Et dans les jours qui ont suivi, son air grognon et ses yeux vitreux n'ont cessé de surgir devant mes yeux. Il y avait des moments où j'avais l'impression de n'avoir fait aucun progrès. Comment vivre ? Franchement, je n'en avais aucune idée. J'étais censée prendre un nouveau départ, mais je ne voyais pas par où commencer. Je voulais juste me sentir en sécurité, mais j'avais peur en permanence – peur que le passé me rattrape, peur de ce que l'avenir me réservait, peur surtout que le présent me soit retiré.

En janvier 1988, à dix-sept ans, n'ayant pas mes règles et reconnaissant les signes familiers de la nausée et de la fatigue, je me suis rendu compte que j'étais enceinte. Un mélange d'émotions contradictoires s'est emparé de moi : panique, tristesse, nostalgie et peur. Mais par-dessus tout, joie et bonheur.

— Je ne t'oublierai pas, Christopher, ai-je promis.

Je voulais désespérément ce bébé, même si j'avais beaucoup de mal à ne pas penser à Christopher. Dave était enchanté. C'était son premier enfant, et il était aux anges même si ce n'était pas dans nos projets immédiats.

— J'ai hâte !

Nous avons emménagé ensemble dans un appartement et commencé à préparer l'arrivée de notre bébé. Pour moi, chaque étape avait un goût doux-amer. La première fois que je l'ai senti bouger, je me suis souvenue des sensations que me procurait Christopher. Et quand j'ai commencé à grossir, je me suis revue la première fois que mon corps avait changé, la dernière fois que j'avais été mère. Cela dit, je ne pouvais nier que l'excitation et l'instinct maternel revenaient en force. Après tout, c'était le frère ou la sœur de Christopher. Il vivrait à travers lui ou elle, comme il vivait à travers moi. Et cette fois, il n'y a pas eu à paniquer au sujet de l'adoption ou de l'avortement. Personne pour me fusiller du regard et me dire ce que je devais faire. Malgré tout, je me méfiais de la réaction de ma mère. Comme je ne voulais pas qu'elle s'en mêle, je ne lui ai pas annoncé la nouvelle. Quelques mois plus tard, j'ai été soulagée de constater que je rentrais toujours dans la robe de demoiselle d'honneur pour le mariage de ma sœur.

La veille du grand jour, j'ai été convoquée chez mes parents avec les autres demoiselles d'honneur. La famille avait encore déménagé, donc je n'ai pas eu à revoir mon ancienne chambre, mais je n'étais pas très à l'aise pour autant. Et j'ai eu beaucoup de mal à fermer l'œil en sachant que je dormais sous le même toit que mes anciens tortionnaires. Les souvenirs de ce qu'ils m'avaient fait semblaient se cacher derrière chaque meuble, comme si les pièces étaient infestées. Je n'ai presque pas fermé l'œil, prise d'une insomnie panique.

Le lendemain matin, je me suis retrouvée à côté de ma mère pendant le maquillage et le coiffage. J'ai pris une profonde inspiration avant de me lancer ; elle finirait bien par savoir, après tout.

— Je suis enceinte, ai-je annoncé.

— Quoi ? Encore ?

J'ai croisé son regard en me forçant à ne pas avoir peur d'elle avant de répondre :

— Oui ? Tu as un problème ?

Comme elle ne trouvait pas quoi répondre, chose inhabituelle pour elle, elle m'a jeté un regard qui laissait entendre qu'elle n'attendait pas mieux de moi. La journée s'est passée sans autre accroc, et dès que j'ai pu quitter le mariage, je l'ai fait. Je ne comptais plus revoir personne de ma famille.

Malgré ma nervosité, parce que j'avais peur qu'il arrive quelque chose au bébé, la grossesse se passait bien. Malheureusement, il n'en était pas de même pour ma relation avec Dave, qui se détériorait. Et au dernier trimestre, je me suis retrouvée toute seule.

— Donne-nous une autre chance, Maureen, pour le bébé.

Au départ, je suis restée inflexible. Mais quand les premières contractions sont apparues, nous nous sommes rabibochés. J'avais autant envie que lui que ça marche. Nous voulions tous les deux fonder une vraie famille, mais je sentais que nous nous accrochions à une relation déjà en pièces. Notre fils, Ben, né en septembre 1988, pesait 3,2 kilos. Il était grand et fin, comme son père. Il ne ressemblait ni à Christopher ni à moi. Mais ça n'a pas empêché que sa naissance me rappelle tant de souvenirs, et parfois je croyais voir Christopher endormi dans mes bras, Christopher grognant dans son berceau, Christopher endormi dans son landau, Christopher étendu dans son cercueil. Pour le bien de Ben et pour le mien, je me suis efforcée de repousser toute comparaison. J'étais résolue à être une bonne mère et à me concentrer sur ce que j'avais plutôt que sur ce que j'avais perdu. J'étais pleine de foi en l'avenir, malgré le fond d'angoisse et de mélancolie.

Les jours passaient, et même si je n'avais pas envie de l'admettre, j'avais du mal à m'attacher à Ben, parce qu'au fond je m'attendais à le perdre. Comme s'il n'était pas là pour longtemps, comme Christopher, et qu'il valait mieux m'éviter la même douleur. Je ne me laissais pas aller. Je ne voulais pas tout donner. J'étais sur la retenue.

— Maman t'aime, lui disais-je. Je fais de mon mieux.

Mais pour moi, et pour lui, ce n'était pas suffisant. Et je le savais. Je ne trompais personne, et surtout pas moi. Quand Ben a eu six semaines, je l'ai emmené en Écosse pour le montrer aux membres de ma famille là-bas. Nous avons passé une bonne semaine, tout le monde a été adorable avec lui, mais à mon retour à Stoke j'ai découvert que j'avais perdu ma chambre. Elle avait été allouée à quelqu'un d'autre. J'avais un bébé, et nulle part où aller. Il m'a fallu me forcer à aller chez ma mère quémander un lit pour la nuit. Je ne voyais pas vers qui d'autre me tourner dans un délai aussi court, et je ne pouvais pas risquer d'être à la rue avec un bébé. J'étais revenue dans le repaire du diable. De retour chez celle qui m'avait faite et qui m'avait détruite.

Aujourd'hui, je m'aperçois que cette décision peut être dure à comprendre. Moi-même, je ne la comprends pas. Mais c'était tout ce que je connaissais. J'étais encore une ado, avec un bébé au ciel et un autre sur les bras. Je manquais de confiance et encore plus d'amour. Je suis retournée chez la seule famille que j'avais.

C'était encore houleux entre Dave et moi, mais il s'est installé avec nous, temporairement, pour m'aider avec Ben. Maman adorait avoir de nouveau un bébé à la maison ; elle s'est transformée en une mamie gâteau, souriant au-dessus du berceau, donnant des cadeaux et faisant sans cesse des compliments. Parfois, j'avais l'impression d'être revenue dans le passé et que Christopher était toujours en vie.

— C'est un beau garçon, Mo-Jo, me répétait-elle. Il est bien fait.

Et même si je détestais me l'avouer, cette approbation et cette affection me faisaient du bien. Je voulais une mère. Oui, je la détestais pour ce qu'elle était et ce qu'elle avait fait, mais je ne pouvais pas lui échapper. Au départ, son attitude chaleureuse me déroutait. Elle s'essayait à la normalité, peut-être pour me désarçonner. À moins qu'elle ait cherché à faire bonne impression à

Dave. Après tout, elle avait toujours fait son maximum pour se présenter comme une femme respectable dans le monde. Et bien sûr, oublieuse du danger, j'ai fini par apprécier sa bonne volonté. Je me suis laissée aller à croire que c'était vraiment elle. Elle a même proposé de faire la babysitter un soir.

— Vous devriez sortir, prendre un peu de bon temps, a-t-elle insisté.

J'en suis restée bouche bée. Dave ne voyait pas ce qu'il y avait d'extraordinaire ; il n'avait aucune idée du serpent qu'elle était. Égale à elle-même, deux mois plus tard, maman a annoncé qu'ils déménageaient encore, dans un endroit plus petit.

— Il n'y aura pas de place pour toi, m'a-t-elle asséné sans ménagement.

Et comme ça, en un clin d'œil, je la retrouvais. Nous n'étions plus les bienvenus, l'heure était venue de décamper. Bêtement, j'avais fini par penser que je pouvais m'appuyer sur elle et n'avais pas commencé à chercher un nouvel appartement, et je me suis donc retrouvée avec Ben dans un foyer, jusqu'à ce que je trouve quelque chose de plus permanent.

La relation entre Dave et moi avait achevé de se dégrader, nous ne nous parlions pratiquement plus. Nous savions tous les deux qu'il était temps de nous séparer. Coincée dans la chambre d'un foyer avec un bébé, et sans soutien ni argent, j'ai commencé à lutter. J'avais constamment peur que Ben meure. Je passais des heures à l'endormir, et dès qu'il fermait les yeux, je le réveillais pour m'assurer qu'il allait bien. Moi-même, je craignais le sommeil : et si je le trouvais mort à mon réveil ? Après tout, je n'avais pas eu d'explication à la mort de

Christopher. Je me persuadais que c'était un défaut génétique et que Ben, comme Christopher, était maudit. Ben était si précieux pour moi, je l'aimais tellement que je ne pouvais pas me permettre de m'accrocher à lui. Sachant que je ne survivrais pas à sa perte, je devais me protéger.

Il ne restera pas, me rappelais-je sans cesse.

Et une partie de moi se demandait si je pouvais ouvrir mon cœur et aimer un autre enfant comme j'avais aimé Christopher, qui avait été tout pour moi. N'était-ce pas une forme de trahison ? Et n'était-ce pas tenter le sort que de m'abandonner avec ce bébé comme avec le précédent ? Ces dilemmes se bousculaient dans ma tête sans que je trouve ni réponse ni repos. Je me tourmentais autant pour Ben que pour mes propres échecs de mère. J'étais toujours sur les nerfs. Quand Ben a eu dix mois, il a eu une période où il faisait ses dents et où il criait sans cesse. Comme rien de ce que je faisais ne le soulageait, c'était encore la preuve que j'étais une mauvaise mère.

— C'est ma faute. Il l'a senti. Il sait que je me retiens, que je ne suis pas la mère que je pourrais être.

Je ne dormais pas, je ne pensais plus rationnellement, j'étais au bout du rouleau. Au désespoir, j'ai même appelé ma mère.

Elle m'a interrompue avant de dire :

— Comme on fait son lit, on se couche.

Puis elle a raccroché. Je n'aurais pas dû espérer autre chose que ce venin, mais tant de fiel m'a abattue.

Nous étions à l'étroit dans la chambre minuscule du foyer entre le lit, le lit à barreaux, le landau et les meubles. En regardant autour de moi, j'avais l'impression que les murs se rapprochaient, se refermaient sur moi. J'avais la poitrine oppressée. Ben criait sans s'arrêter, il a crié toute la nuit et toute la journée qui a suivi. J'avais envie de fermer les yeux, juste un moment, pour me reposer. Mais les rares moments où il arrivait à dormir, j'étais trop angoissée et prise par mes névroses pour m'endormir à mon tour. J'étais de plus en plus frustrée, épuisée et isolée.

Un jour, rien ne paraissait capable de le calmer. Il hurlait tellement que mes oreilles bourdonnaient et que mon cœur cognait dans ma poitrine. Je lui ai mis la tétine, l'ai allongé dans son lit à barreaux, mais il a repoussé la tétine de ses petits doigts boudinés et me l'a jetée. J'ai tenté un biberon, lui ai donné un biscuit, lui ai mis la couverture bleue, sa préférée ; rien n'y faisait.

— S'il te plaît, Ben, endors-toi.

En me penchant sur lui, j'ai vu son petit visage rouge de colère et j'ai compris qu'il criait *contre moi*. Il me détestait. Comme tous les autres. Furieuse, désespérée, je lui ai mis une gifle. Et la seconde suivante, la pièce a semblé voler en éclats autour de moi.

— Qu'est-ce que j'ai fait ?

Tout mon corps tremblait de honte, j'étais une ratée, je sombrais dans des abîmes de désespoir et de haine de moi. Je me suis enfermée dans ma chambre, et même quand le personnel du refuge est arrivé et a commencé à me parler, je ne comprenais rien à ce qu'ils disaient.

— Maureen, ouvre ta porte. Laisse-nous t'aider.

Personne ne pouvait m'aider. Je le savais. De guerre lasse, j'ai ouvert la porte et sorti Ben.

— Prenez-le avant que je le tue, ai-je dit en le leur tendant.

Je leur ai dit exactement ce que je venais de faire avant de m'effondrer sur mon lit, seule. J'avais frappé la seule personne au monde que j'aimais. Moi qui voulais juste être une bonne mère, contrairement à la mienne, moi qui voulais seulement aimer mes enfants et être aimée d'eux. J'avais tout gâché. Des assistantes sociales sont venues chercher Ben, et je n'étais pas là pour le voir. Je n'étais pas digne d'être là et de me dire sa mère. J'ai essayé de me pendre dans cette chambre, en passant ma ceinture au-dessus de la canalisation d'eau chaude au plafond. Mais quand j'ai sauté du lit avec la ceinture autour du cou, elle a cassé et je suis tombée, pathétique.

— Évidemment… me suis-je lamentée en attrapant la ceinture et en la jetant contre le mur.

Je n'éprouvais rien que de la désillusion et du dégoût. Même me tuer, je n'en étais pas capable. Je n'étais bonne pour personne, et certainement pas pour mon fils. Pire, j'étais un danger pour lui. Ce soir-là, le personnel a retiré la serrure de ma porte et est venu me voir toutes les deux heures, pour s'assurer que je ne me tuerais pas. À onze mois, Ben venait d'être placé de manière temporaire en foyer d'accueil.

— Tu peux encore le voir, m'ont expliqué les gens. Ce n'est pas la fin, tu ne dois pas abandonner.

Mais je ne les croyais pas. Mon bébé ne devait pas rester, je le savais depuis le départ. Je l'avais perdu, mais pas comme je l'avais imaginé. Pourquoi Dieu m'en voulait-il, pourquoi m'avait-il pris mes deux fils l'un après l'autre ? Mon pauvre cœur était de nouveau brisé. Après la mort de Christopher, j'avais cru que je ne pourrais plus jamais souffrir. Mais cette douleur-là était presque aussi forte. Ben n'était pas mort, mais il n'était plus là. Pourtant, je comprenais que je n'étais pas la meilleure personne pour m'en occuper. Si les services sociaux avaient proposé de me le rendre, j'aurais dit non. Il méritait mieux que moi. Comme pour Christopher, je pensais d'abord à son intérêt, pas au mien. Deux jours plus tard, on m'a arrêtée parce que j'étais soupçonnée d'agression.

— Oui, je l'ai fait, j'ai giflé mon propre bébé, ai-je avoué à l'agent. Je veux que vous m'inculpiez et je veux aller en prison.

Au foyer, les vérifications toutes les deux heures ont continué. J'ai arrêté de manger, pas par mesure de protestation, mais simplement parce que je n'avais plus d'appétit. Je n'avais aucun désir ni aucune raison de faire attention à moi. Je pesais environ 57 kilos à la naissance de Ben, j'étais tombée depuis à un peu plus de 40.

— Il faut que tu manges, insistait le personnel. Il faut que tu retrouves la forme.

Ils me faisaient même servir mes repas dans le bureau, avec eux, pour m'avoir à l'œil. Ils faisaient de leur mieux, c'était moi qui manquais de la maturité nécessaire pour les remercier. J'ai appris plus tard que les chefs d'inculpation contre moi avaient été abandonnés, à cause de mon état mental. J'étais en colère. Je voulais qu'on me punisse d'avoir frappé mon fils. Je voulais être humiliée. Si la vie était une échelle, j'étais tout en bas.

Dans les mois qui ont suivi, ma vie est partie à vau-l'eau. J'ai quitté le foyer sans avoir la moindre idée d'où aller. Comme je n'avais plus aucun soutien affectif dans la vie, je crois que cette décision était un rejet de tout soutien physique. Je ne voulais pas que des travailleurs sociaux bien intentionnés mettent leur nez dans ma vie pourrie et essayent de m'aider. Je n'étais pas loin de baisser les bras, j'aurais voulu qu'eux aussi admettent la défaite. Je n'avais pas de travail, pas de projet, et je prenais tellement de médicaments que j'étais à peine capable d'articuler une phrase. Je buvais beaucoup, pour ne rien arranger.

Les premiers jours, j'ai dormi chez une vieille copine d'école qui vivait en colocation et qui avait une place sur le canapé.

— Juste quelques jours, m'a-t-elle avertie. Le proprio va me tanner si tu restes trop longtemps.

De là, je suis allé chez un autre ami, puis un autre. Je dormais sur un canapé, voire par terre. Je ne savais jamais où je dormirais ni ce que je ferais d'un jour à l'autre. En journée, j'errais sans but dans le centre-ville, tournant en rond, parcourant des kilomètres. Je passais des heures à l'agence d'accueil des chômeurs à poireauter dans les queues, puis à remplir des formulaires pour postuler à des offres d'emploi. Tout cela ne menait à rien.

— Je suis désolée, Ben, murmurais-je. S'il te plaît, ne m'abandonne pas. Je ne t'abandonne pas.

J'ai tant marché qu'une de mes chaussures m'a lâchée, l'eau rentrait par les trous quand il pleuvait. Mais ça ne me dérangeait pas, je pouvais en acheter une paire ou même scotcher le trou. Je continuais à marcher en espérant dissiper la brume dans mon esprit. Les journées étaient floues, les nuits, tortueuses. J'ai dormi plus d'une fois à la rue, et, en m'allongeant sur le trottoir, je me souvenais de la fois où, petite, j'avais dormi dans la réserve à charbon de l'école pour fuir l'horreur à la maison. Le problème, désormais, c'était que je voulais fuir l'horreur dans ma tête. Dormir dehors, comme à l'époque, ne me paraissait pas dangereux. De toute façon, je n'avais pas de vrais amis. J'étais entourée de gens qui se noyaient eux aussi dans leurs problèmes.

Prise dans cette spirale, j'ai envisagé à plusieurs moments d'essayer la drogue, mais je ne suis jamais allée au-delà d'un joint ou deux à l'occasion. Étrangement, malgré ma réalité déstructurée, je parvenais à dire non. Ce n'était pas pour moi. J'étais la cible des dealers et des maquereaux, mais je tenais bon. Sous mes oripeaux de souffrance brûlait la flamme d'une survivante, même si elle vacillait. J'ai le vague souvenir, un soir, tard, d'un homme qui est devenu agressif avec moi, mais je lui ai mis un coup de genou dans les parties avant de lui dire ma façon de penser.

— Tu as choisi la mauvaise fille ! j'ai hurlé.

J'ai même réussi à voir le côté amusant en l'entendant jurer et repartir en boitant. Après ce que j'avais traversé, personne ne me faisait peur à part mes parents. Ma mère me terrifiait davantage que tous les criminels et les drogués en liberté avec qui je partageais un banc. Et j'avais beau en avoir conscience et m'en lamenter, je n'y pouvais rien.

Je n'avais pas de contact avec ma famille pendant tous ces mois, mais ils ne sortaient jamais totalement de mon esprit, comme un mal rôdant toujours dans les environs. Je ne me sentais pas totalement libérée d'eux. Je n'avais pas vu Ben depuis cinq mois, pourtant je ne pensais qu'à lui et à Christopher. Je comptais chaque jour. Je restais en contact avec l'assistante sociale qui s'occupait de Ben, mais je savais, sans qu'elle ait besoin de me le dire, que je n'allais pas assez bien pour le revoir. Je devais arrêter les médicaments pour récupérer mon fils. Mais ce n'était pas facile. Je prenais des cachets pour me réveiller et d'autres cachets pour m'endormir, le tout en engloutissant une demi-bouteille de vodka par jour. J'étais tombée en dessous du seuil des 40 kilos pour 1 mètre 73, autant dire que j'étais squelettique. J'avais l'air mal en point, et je l'étais. Certainement pas en état de voir mon fils, en tout cas. Mais si je continuais sur ma lancée, je ne le reverrais jamais.

Tout au fond de moi, la force qui m'avait permis de traverser la période des viols, de survivre aux maltraitances de ma mère et de surmonter la perte de mon fils a fini par refaire surface. Un jour, au début des années 1990, je me suis réveillée et j'ai décidé que ce n'était plus possible. J'ai pris mes médicaments et les ai fait partir par la chasse d'eau. Je les ai regardés disparaître avec un sentiment de triomphe.

— Maman va revenir, Ben, ai-je murmuré.

Mon médecin m'a fait un sermon quand je l'ai revu la semaine suivante, il m'a dit que j'aurais pu me provoquer une crise cardiaque à cause de mon impulsion.

— Vous auriez dû réduire la dose petit à petit.

Mais je n'ai jamais été partisane des demi-mesures. Et je savais qu'il n'y avait pas d'autre moyen. Les jours suivants ont été durs, mais j'avais trouvé une détermination en moi et je m'y accrochais. Lucide et sobre, j'ai fait une demande pour voir Ben.

On m'a dit que la première visite serait supervisée, ce que j'ai compris. On m'a aussi permis de retourner au foyer jusqu'à ce que je trouve un logement permanent, et mon assistante sociale m'a amené Ben là-bas, accompagné de sa mère d'accueil. J'étais une boule de nerfs avant son arrivée. Les heures se traînaient en longueur. Ces retrouvailles m'ont brisé le cœur tout en me remontant le moral. J'avais l'impression qu'il m'avait sauvée et détruite avec son petit sourire poupon.

Il était un peu méfiant au départ : il m'avait oubliée, et c'était compréhensible. Cela faisait longtemps pour un tout petit garçon comme lui.

— Bonjour mon chéri.

J'ai souri.

J'ai tendu les bras et il s'est penché vers moi. Mon cœur s'est réchauffé. Mon petit garçon, il était enfin de retour dans mes bras, dans ma vie. J'avais décidé de ne pas pleurer pour ne pas le bouleverser, mais des larmes roulaient quand même sur ma joue, sans que je sache pourquoi.

— Mon Dieu, tu as grandi.

Il s'est assis sur mes genoux, l'air content, et j'ai parlé avec lui, puis il s'est tourné vers sa mère d'accueil et il a dit :

— Maman, soif !

J'ai senti mes tripes se nouer. Mais je me suis rappelé qu'elle avait été une mère pour lui, et pas moi. Je devais mériter ce nom, et pour l'instant je ne le méritais pas. La visite a été courte, et quand elle s'est terminée, j'ai dû ravaler mes larmes. Je savais qu'il faudrait du temps. Je devais le faire au rythme de Ben. Cette fois, je ne pouvais pas me rater.

— Peut-être que la prochaine fois, tu pourrais aller voir Ben à la maison, chez ses parents d'accueil ? a proposé l'assistante sociale.

J'ai acquiescé, mais en vérité cette idée me terrifiait. Nous sommes convenues d'un rendez-vous pour la semaine suivante. J'étais déchirée entre l'envie de revoir Ben et la frayeur de devoir affronter ses parents d'accueil. Je n'avais pas prêté beaucoup d'attention à sa mère d'accueil lors de cette première visite, je m'étais concentrée uniquement sur Ben, mais je m'inquiétais qu'elle me juge et qu'elle ne me trouve pas à la hauteur.

— Qu'est-ce que je vais porter ? Qu'est-ce que je vais dire ?

Je m'agitais.

Le moment venu, j'ai pris la couverture bleue avec moi, celle que Ben adorait quand il était tout bébé. Elle avait une grande étiquette, et c'était ce qui semblait lui plaire par-dessus tout. Il dormait souvent avec l'étiquette collée contre sa joue. J'ai appuyé sur la sonnette et reculé d'un pas, crispée. J'avais l'impression de me présenter à l'entretien d'embauche le plus important du monde.

— Entrez, entrez, m'a dit la femme en ouvrant avec un grand sourire.

Ce n'était pas la grande maison bourgeoise que j'avais imaginée. C'était une maison normale, accueillante, animée, avec quatre autres enfants, du bruit et de la couleur partout. Je me suis instantanément sentie à l'aise.

— Ben ! Maman Maureen est là ! Viens dire bonjour !

À mon grand ravissement, il a traversé le salon en courant et s'est jeté dans mes bras. J'étais submergée par l'émotion. Il se souvenait bien de notre rencontre la semaine précédente, et il a pris la couverture comme s'il n'attendait que ça. Avec une stupeur teintée d'émerveillement, je l'ai vu prendre l'étiquette entre son pouce et son index et la frotter contre sa joue. Je n'ai pu m'empêcher de sourire. Sa mère d'accueil était une femme merveilleuse, aimante, j'étais chanceuse qu'elle se soit occupée de lui quand j'en étais incapable.

Repartir a été très dur, cette fois. Je rechignais à le laisser derrière moi. Ben me faisait de grands gestes de la main derrière la fenêtre :

— Maman Maureen ! Maman Maureen !

Je lui ai rendu ses signes jusqu'au moment où je ne le voyais plus, puis j'ai fondu en larmes. J'avais eu un aperçu de ce qui était possible, d'un avenir désirable. Je voulais une maison comme celle-ci, je voulais récupérer mon garçon. Et je savais que j'en étais capable. À partir de ce jour, mes visites à Ben sont devenues ma seule préoccupation. Mon assistante sociale avait été assez désagréable, au départ. Comme si elle n'en pouvait plus de voir des jeunes filles faire des bébés et les laisser à la charge de l'État. Elle ne pensait pas que je tiendrais sur la durée, je le sentais. Mais au fil du temps, elle s'est rendu compte que j'étais sérieuse et elle s'est radoucie.

— Tu es prête pour des visites sans supervision, Maureen, m'a-t-elle dit. Félicitations.

J'ai levé le poing en l'air pour célébrer ça. Malheureusement, la première mère d'accueil de Ben était tombée malade et il avait dû être placé ailleurs. Je me sentais coupable qu'il doive subir de tels changements à cause de moi. Auparavant, j'aurais sans doute pris cela comme une excuse pour replonger dans la dépression. Là, je m'en suis servie comme d'un catalyseur pour aller mieux. Cela ne faisait que me motiver encore plus à lui offrir un toit et à l'avoir avec moi, où était sa place.

Pour les visites sans supervision, j'avais besoin d'un endroit où emmener Ben, et l'une de mes sœurs, celle qui s'était mariée et avait fondé sa propre famille, m'a proposé de venir chez elle. Comme je devais donner une adresse aux services sociaux, je lui en ai été éternellement reconnaissante. J'étais dans le besoin, et elle m'a tendu la main. La voir dans sa maison, avec ses enfants et son jardin, me rendait très jalouse, mais cela me donnait quelque chose à désirer. C'était ce que je voulais pour Ben, il le méritait. En le regardant jouer avec ses petits cousins, je me suis fait la promesse silencieuse que cette fois, j'allais assumer mon rôle de mère. Et que je ne le laisserais plus jamais tomber.

10

Juste avant mon dix-neuvième anniversaire, les services sociaux ont insisté pour que je suive une thérapie. Après ma première tentative avortée, je n'avais pas du tout envie d'y aller, mais je l'ai accepté parce que cela faisait partie du processus si je voulais récupérer mon fils.

Le jour venu, cependant, j'ai ressenti un certain agacement. Que pouvaient faire ces gens pour moi ? Ils ne savaient rien de moi. Rien.

C'est une perte de temps pour eux et pour moi, pensais-je en maugréant.

Je suis arrivée à la première séance de mauvaise humeur, couverte de maquillage et affublée d'une mini-jupe évanescente et de chaussures à talons rouges. J'ai marché jusqu'au comptoir d'accueil et dit :

— J'ai rendez-vous avec une certaine Mary.

Quelques minutes plus tard, ma thérapeute s'est présentée. Mary Johnson avait la quarantaine et était très menue, avec des cheveux bruns et une coupe au carré. Elle portait une robe d'été bleu pâle et un foulard à motif fleuri autour du cou.

Oh, elle ne me comprendra jamais, me suis-je dit.
C'est encore pire que ce que j'imaginais.

Elle m'a guidée jusqu'à une petite pièce. Elle semblait aimable, mais je ne lui faisais pas confiance du tout. Pour moi, elle était vieille et vivait dans un autre monde. Et elle avait l'air snob, d'une autre classe sociale. Elle n'avait aucune idée de ce que j'avais vécu. J'ai regardé le panneau « Interdit de fumer », allumé une cigarette et déclaré :

— Si vous pensez que je vais vous parler, vous vous fourrez le doigt dans l'œil. Je suis là parce que j'ai pas le choix.

J'étais odieuse, et j'en étais consciente. De manière peu subtile, je voulais lui faire comprendre que j'étais une cause perdue. Mary n'a rien dit. Elle n'a même pas levé un sourcil ni fait une remarque concernant la cigarette. Nous avons passé le reste de l'heure dans un silence total, moi en fumant et en soupirant, et elle tranquillement assise. À la fin, je me suis rendu compte que j'avais probablement été plus mal à l'aise qu'elle. Pendant un an, ça a été notre routine.

Tous les mardis soir, j'allais à mon rendez-vous. Je m'asseyais dans son bureau et fumais sans jamais prononcer un mot. J'étais une ado immature et ignorante qui se croyait maligne. Mais l'autre problème, c'était que je n'aurais pas su trouver les mots même si je l'avais voulu. Je ne savais pas par où commencer. La honte de ces viols m'avait rendue muette. Littéralement muette. Pourtant, pour des raisons que je ne comprenais pas, je ne manquais pas un rendez-vous. Je ne dirais pas que je les attendais non plus, mais je ne les craignais pas. Même si je ne parlais pas, j'en tirais quelque chose. Mary ne ressemblait à aucune autre personne que j'avais connue. Elle encaissait mon arrogance, ma stupidité, ma brusquerie sans jamais se plaindre. J'avais beau essayer de l'agacer, elle ne mordait pas à l'hameçon.

Plus tard, elle m'a dit :

— Je voyais le mur, et chaque semaine il s'écroulait un peu plus. Je savais que je pouvais t'aider, je devais juste être patiente.

Elle avait une vision et une tolérance proprement extraordinaires. Elle a senti avant moi que mes défenses tombaient. Au bout d'un an, j'ai apporté un poème que j'avais écrit, sur mon enfance. Il y avait des références aux souffrances que j'avais subies, mais sans noms ni accusations directes. J'ai refusé de discuter de ce poème avec Mary, mais je le lui ai fait lire, ce qui était déjà une avancée considérable. La semaine suivante, j'avais d'autres poèmes intitulés : « À quoi sert la famille ? », « Quoi, où, pourquoi et quand ? », « Mes larmes », « Qu'est-ce que l'amour ? » et « Pourquoi ? ». Chaque poème était une expression de ma détresse. Puis, dans un souffle, mes poèmes serrés dans mon poing, j'ai dit à Mary que j'avais été violée mais que je ne voulais pas dire par qui.

— On ira à ton rythme, a-t-elle répondu très simplement. Ne forçons pas les choses.

Petit à petit, j'ai commencé à lui raconter les viols de John Wood. Je lui ai parlé des viols dans ma chambre et de la fois où il m'avait dit : « Tu es ma femme. » Comme il n'était pas de mon sang, c'était plus facile de me concentrer sur lui, je crois. Je voulais en faire le meneur. Je ne mentionnais ni Jock ni ma mère. Il allait me falloir un long moment avant de pouvoir admettre les viols de ma mère. Pourtant, malgré la violence de John Wood et de Jock, c'était de ma mère que je tirais le pire sentiment de trahison. Et je n'aurais pas été capable de me convaincre du contraire. En attendant, je me concentrais sur John Wood auprès de Mary. Semaine après semaine, je lui ai fait part de la douleur, de la honte et de la colère. À la fin de notre thérapie, je lui en avais plus dit qu'à quiconque auparavant.

— Tu es sûre qu'il n'y a rien d'autre ? m'a-t-elle demandé gentiment.

J'ai secoué la tête. Je voulais oublier. Je voulais que ça disparaisse. Je pense qu'elle savait, comme moi, que le pire était à venir. Mais pour l'instant, je ne pouvais pas l'envisager. Et j'insistais pour qu'elle ne contacte pas la police. Je ne voulais pas aller plus loin, pas encore. Les progrès accomplis avec Mary étaient déjà titanesques. J'avais l'impression d'avoir couru un marathon, j'avais besoin de reprendre mon souffle et de reposer mes membres avant de me remettre à courir. Et plus je faisais de distinction entre mes différents bourreaux, plus je parvenais à occulter les deux autres. Mais au fil des ans, rien qu'en reniflant le parfum de ma mère autour de moi, j'étais incapable de parler ni même de respirer. Aussitôt, j'étais ramenée à la chambre aux rideaux fleuris et à la petite télé. Il fallait que je comprenne pour m'émanciper.

Je devais éviter autant que possible tout ce qui déclenchait le flux des souvenirs. Je voulais récupérer mon enfant ; c'était plus important pour moi que d'obtenir justice ou de faire le deuil de moi-même. Et donc, au fil du temps, j'ai enfoui ces abus de plus en plus profondément en moi. Si je voulais être une bonne mère, une mère saine, je devais enfermer tout ça dans une boîte et jeter la clé. Envisager un avenir avec Ben passait par l'effacement total du passé. Alors, c'est ce que j'ai fait. J'ai creusé si profond que ma conscience a nié les viols. Comme si je m'étais amputée d'une partie de ma mémoire.

J'ai arrêté de boire, complètement. Mes amis se moquaient de moi en disant :

— Tu ne tiendras pas.

Mais j'étais sérieuse. Comme j'étais sérieuse dans ma volonté de déménager. J'ai lancé la procédure pour récupérer Ben, ce qui pouvait prendre jusqu'à dix-huit mois. Et de ce jour, je n'ai plus jamais bu une goutte d'alcool. Je ne prenais plus non plus de médicaments. Et je ne suis jamais revenue en arrière.

Comme je voulais montrer patte blanche aux services sociaux, j'ai quitté le foyer et loué une chambre dans une maison en colocation avec quatre ou cinq autres jeunes adultes. Au fil des semaines, je suis devenue amie avec un autre résident, Steve. Pendant longtemps, nous avons juste été amis ; il était en plein divorce tandis que j'avais une demande de garde d'enfant en cours, alors on pleurait sur l'épaule l'un de l'autre. Nous avions chacun nos problèmes.

— On va s'en sortir tous les deux, me disait-il.

Le soir, on regardait la télé dans sa chambre. Le week-end, on faisait des balades à la campagne dans sa voiture. Steve, qui était un jeune homme doux et tranquille, travaillait dans une faïencerie. Je le trouvais facile à côtoyer. Un soir, alors que nous regardions un film à moitié endormis dans sa chambre, Steve m'a dit :

— Tu voudrais aller voir un film au cinéma avec moi ?

— Quoi ? Comme un rendez-vous romantique ?

Pourquoi quelqu'un aurait-il envie de sortir avec moi ? Se pouvait-il que je lui plaise ? J'étais abasourdie.

— Oui, a-t-il répondu avec un grand sourire. Je t'aime bien, tu sais.

— Ah, OK. Si tu veux.

J'en bafouillais. Il ne m'avait pas traversé l'esprit que nous puissions être autre chose que bons amis, mais j'ai accepté parce que je me sentais flattée, d'une certaine façon.

On s'entendait bien, et je ne voyais pas pourquoi nous ne pouvions pas essayer d'aller plus loin. Comme avec Dave, je n'avais pas vraiment l'étincelle. Je n'étais pas amoureuse. Mais je doutais de pouvoir jamais vivre une vraie histoire d'amour, digne de ce que me racontaient mes amis. Cette première soirée s'est bien passée, et quatre mois plus tard j'étais enceinte. Steve était aux anges ; quant à moi, j'étais déchirée. Ma première pensée allait pour Ben. Mon petit garçon. Comment cela allait-il affecter ma demande ? Angoissée, je suis allée trouver mon assistante sociale.

— Je suis enceinte, ai-je annoncé. Ça ne fait que quelques semaines, j'en suis au début, mais je voulais vous demander si ça sera un frein pour obtenir la garde de Ben ? Si c'est le cas, je vais avorter. Je veux absolument récupérer Ben.

L'assistante sociale était médusée.

— Je le pense vraiment. Je dois penser à Ben. Je ne peux pas répéter les mêmes erreurs.

Un avortement m'aurait dévastée. En temps normal, je n'aurais jamais envisagé une chose pareille. Ce n'était pas que je ne voulais pas de ce bébé. Mais je savais que

Ben était ma priorité. Je l'avais laissé tomber, je devais me racheter. Je le lui devais. S'il fallait en passer par un avortement, ainsi soit-il. J'avais fait l'erreur fatale de laisser mon lien avec Christopher m'empêcher de prendre soin de Ben, et il avait fini en famille d'accueil. Je ne voulais pas recommencer.

— Inutile d'aller jusque-là, vraiment, m'a rassurée l'assistante sociale. Ce bébé ne t'empêchera pas de récupérer Ben. D'ailleurs, avoir un petit frère ou une petite sœur serait sans doute bien pour lui.

Ses mots m'ont soulagée. J'en aurais pleuré de gratitude.

— Cependant, a-t-elle poursuivi, il te faut une maison. Tu dois avoir un toit pour tes bébés.

Je savais qu'elle avait raison. Je ne pouvais pas élever deux enfants dans une chambre. Mais j'étais empêtrée dans des contradictions administratives. Quand je demandais un logement social, l'organisme me le refusait au motif que je n'avais pas d'enfant. Et les services sociaux, eux, me disaient que je ne pouvais pas avoir mon enfant sans avoir d'abord une maison. La situation était ridicule, ça me rendait folle.

J'ai passé des mois à passer des coups de fil, à faire la queue devant des guichets, à plaider ma cause, encore et encore. Steve et moi, nous étions ensemble presque en permanence mais je tenais à m'en sortir sans son aide. Je voulais prouver que j'étais capable de m'en sortir, et surtout à mes propres yeux.

J'avais l'impression de me cogner contre des murs. Mais ma détermination ne fléchissait pas. Et chaque fois, mes visites à Ben me redonnaient du courage. Penser à son petit visage tourné vers le mien me permettait de ne pas lâcher. Mary me soutenait avec une constance admirable. Nous sommes restées en contact même après ma thérapie, je la voyais souvent.

— Je suis fière de toi, Maureen. Sincèrement.

Personne n'avait jamais été fier de moi. Ses paroles me bouleversaient. Je devais réprimer des larmes, et ma vulnérabilité me faisait rougir. Ce n'était qu'un début, mais je ne gardais que le positif. J'avais la certitude que petit à petit, tout allait se mettre en place.

Les premiers mois de ma troisième grossesse se sont révélés difficiles, et quand l'échographie m'a montré que j'attendais une fille, j'ai levé les yeux au ciel.

— Évidemment, ai-je commenté avec un sourire. Ce bébé va m'en faire baver. Elle sera comme sa mère !

Les deux premières grossesses avaient été des parties de campagne. Cette fois, je me suis sentie mal tout du long. À cause d'une infection récurrente au rein, j'étais sans cesse hospitalisée. Je n'avais pas d'énergie et la nausée ne me quittait pas de la journée. Mes visites à Ben étaient le grand moment de ma semaine. J'avais le droit désormais de l'emmener en sortie au parc ou au musée, ou, quand j'avais assez d'argent, manger quelque part. Quand je frappais à la porte de sa famille d'accueil, je l'entendais s'écrier de sa petite voix :

— Maman Maureen !

Et il se jetait dans mes bras avant même que j'entre dans la maison. J'adorais sentir sa petite main dans la sienne, sa joue toute douce contre la mienne. J'essayais de ne pas penser au fait que je lui avais fait du mal. Je devais me tourner vers l'avenir. Il faut savoir laisser certaines choses dans le passé.

À la fin de mes visites, c'était toujours un crève-cœur de le rendre, d'autant qu'il n'avait pas envie non plus de me quitter. Il pleurait souvent lorsque nous nous disions au revoir. Je n'arrêtais pas de lui dire qu'un jour on serait ensemble pour de bon, mais je ne savais pas s'il comprenait. Et même si je détestais le voir en larmes, je me sentais encouragée de constater qu'il m'aimait. Peut-être, après tout, n'étais pas une mère aussi nulle que je me l'étais figuré.

Le jour où on m'a fait une offre de logement social, j'ai crié de joie.

— Enfin !

Le 6 août 1993, à vingt-deux ans, j'ai emménagé dans ma première maison rien qu'à moi. Elle était située dans le quartier où j'avais grandi et subi tant d'horreurs, mais j'avais besoin d'une maison, n'importe où, pour retrouver mon garçon. Je l'aurais acceptée même si elle s'était trouvée sur la lune. Ce jour-là, Mary est venue avec un seau et deux paires de gants en plastique pour m'aider à nettoyer.

— Faisons de cette maison un palais pour ta petite famille, a-t-elle dit en me lançant une bouteille d'eau de Javel.

Elle endossait ce que j'avais toujours imaginé être le rôle d'une mère. Elle veillait sur moi, elle me surveillait. Elle n'avait pas peur ni de me serrer dans ses bras, ni de me dire que je dépassais les bornes. Ensemble, nous avons frotté et récuré le moindre centimètre carré pour préparer l'arrivée de mon petit prince.

— Je ne sais pas ce que je ferais sans toi, lui ai-je dit d'une petite voix timide quand elle est partie en fin de journée.

Une semaine plus tard, Ben est arrivé à la maison. On a dansé tous les deux dans les pièces vides, notre rire se répercutait en écho contre les murs et notre bonheur illuminait nos visages. Je me sentais si fière. Et même si Christopher ne quittait jamais mes pensées, je me sentais pleinement et entièrement vivante. La maison n'avait presque pas de meubles, mais je m'en fichais comme d'une guigne. Mary s'était démenée pour trouver un lit à Ben, un canapé de seconde main et un four à micro-ondes. La première nuit, j'ai dormi sur le canapé, avec Ben dans son petit lit. Je n'arrêtais pas de glisser des coussins, mais ce n'était pas grave. J'avais l'impression d'être dans la suite d'un palace. Mon garçon était à l'étage, j'avais ma maison et mon trousseau de clés. C'était exaltant ; le présent me comblait, et l'avenir me semblait plein de promesses.

Sur mon insistance, Steve était resté dans la maison en colocation.

—Pour l'instant, avais-je dit. Je veux faire les choses correctement pour Ben, il faut qu'on soit tous les deux pour un temps.

Mon Ben avait traversé tant de choses à quatre ans, je voulais lui faciliter la transition et lui apporter de la sécurité. Quelques semaines toute seule avec lui suffi-raient. Et Steve se montrait très compréhensif. Il adorait Ben. Les jours suivants, Mary m'a dégoté une gazinière flambant neuve grâce à un de ses contacts dans une asso-ciation. Elle m'avait même trouvé quelqu'un prêt à me l'installer gratuitement ! Elle m'a aidée aussi à faire une demande d'allocation qui m'a permis d'acheter des tapis, quelques meubles, ainsi que des vêtements, des livres et des jouets pour Ben.

S'installer en famille était aussi gratifiant qu'éprouvant. J'adorais emmener Ben dans les magasins, j'adorais lui laver les cheveux, lui plier ses vêtements, lui lire des histoires. Des choses simples, mais qui étaient comme autant de trésors à emmagasiner dans ma mémoire. En septembre, Ben a commencé l'école.

C'est un jour de fierté pour tout parent, mais pour moi il y avait quelque chose de presque surréaliste. J'avais l'impression d'avoir gagné à la loterie. Je ne comprenais pas comment j'avais tant de chance et de bonheur. Il s'y est bien adapté, mais il sortait lessivé et affamé des longues journées en classe. Il avait tellement faim quand je le récupérais devant les grilles de l'école que je préparais toujours quelque chose à manger dès son retour. Je le regardais s'installer à la table, jambes ballantes, et me raconter sa journée à l'école. C'était un moment merveilleux. Puis, sans prévenir, sa petite tête dodelinait et il s'endormait en plein repas ! L'école l'épuisait à ce point. Une ou deux fois, il a même piqué du nez dans ses pâtes à la bolognaise ! J'adorais le prendre dans mes bras, déjà endormi, essuyer la purée de sa joue et le mettre au lit. Tous ces moments étaient précieux.

—Mon garçon, disais-je fièrement en le regardant dormir.

À côté de cela, je stressais parce que je voulais faire les choses comme il fallait. J'avais peur qu'on me l'enlève si nous étions en retard à l'école, si Ben tombait ou encore s'il attrapait un rhume. Au départ, je ne le laissais pas prendre le moindre risque, alors que, bien sûr, que serait l'enfance sans la prise de risque ?

—Ne monte pas là-dessus, c'est trop haut. Reste sur la balançoire, je vais te pousser.

Je m'efforçais d'être parfaite, et comme toutes les mères j'étais loin de l'être. Au fil des semaines, inévitablement, j'ai fini par me détendre. J'ai appris à lâcher prise. Un jour, Ben est rentré de l'école avec de la terre sur le pantalon, des traces de larmes sur les joues et l'air inquiet.

— Qu'est-ce qui t'arrive ?

— Je suis désolé de m'avoir mis de la terre. Je sais que c'est vilain.

Ça m'a fait un choc. Comment un petit garçon pouvait-il croire que se mettre de la terre sur le pantalon était mal ?

— Les petits garçons se salissent, lui ai-je dit en le serrant dans mes bras. Ne t'inquiète pas pour ça.

Mais j'avais le cœur brisé en songeant à ce que j'avais dû lui faire subir pour qu'il en vienne à penser que des traces de terre méritaient une punition. Je me suis fait un devoir de l'emmener dehors sous la pluie et de l'encourager à sauter dans les flaques, à courir dans la boue et à ramasser des bâtons et des cailloux.

Ça fait partie des joies des petits garçons, me disais-je avec le sourire.

Et en même temps que je grandissais dans mon rôle de mère, je voyais que lui aussi s'épanouissait. En décembre 1993, soit six semaines en avance, le travail a débuté. J'ai commencé à saigner à la maison, et, en panique, j'ai appelé une ambulance depuis le téléphone du voisin. Steve était au travail, mais il s'est précipité à l'hôpital pour me retrouver. Nous étions tous les deux inquiets.

— C'est beaucoup trop tôt.

J'ai passé deux jours à l'hôpital avant que les contractions commencent pour de bon. Steve me tenait la main tandis que notre fille, Naomi, venait au monde. Il était six heures et demie le 13 décembre 1993.

Quand elle a été sur ma poitrine, le visage tourné vers moi, j'en ai eu le souffle coupé. Elle ressemblait tellement à Christopher. Elle avait les mêmes cheveux blonds et le même visage rond. Comme si on m'avait envoyé un double pour me consoler. Il voulait faire partie de notre nouveau départ. Prématurée de dix semaines, Naomi était néanmoins en parfaite santé, et je me sentais bénie des dieux. Elle a passé dix jours à l'hôpital à cause d'une jaunisse, dont les infirmières m'ont appris qu'elle n'avait rien d'inhabituel, puis nous avons eu le droit de la ramener à la maison. Steve a emménagé avec nous et j'étais heureuse avec toute ma petite famille autour de moi. J'étais bien occupée avec les enfants. Chaque jour était une fête, je regardais autour de moi avec émerveillement. En revanche, je m'abstenais de regarder à l'intérieur de moi. J'avais peur de ce qui m'arriverait si je me laissais aller à l'introspection. Toutes les semaines, je changeais la disposition des meubles, déplaçant la télé à l'autre bout du salon, intervertissant les places du canapé et de la table à manger.

— Qu'est-ce que tu en penses ? demandais-je à Steve en tirant le mobilier sur le carrelage.

Il était totalement éberlué. Il ne comprenait pas mon constant besoin de tout déménager. Je faisais la même chose dans les chambres. C'était comme une démangeaison. Cela valait aussi pour mon apparence : je teignais mes cheveux de couleurs différentes tous les quelques mois, je perdais un poids considérable pour le reprendre par la suite. À l'époque, je pensais que j'étais juste un peu pénible sur les bords, mais j'ai appris par la suite que c'est un comportement typique des gens qui ont été violés.

Je ne sais comment, ma mère a été mise au courant que j'avais une nouvelle maison et un nouveau bébé, et elle est apparue devant la porte sans y avoir été invité. Mon ventre s'est noué quand j'ai reconnu sa silhouette courtaude et sévère devant la porte. Comme je ne voulais pas de dispute, je lui ai ouvert la porte et l'ai fait entrer.

— On m'a dit que tu avais une petite fille, a-t-elle dit en passant devant moi.

Je ne voyais pas quoi dire pour l'arrêter. Encore une fois, j'ai été stupéfaite de constater que j'étais capable de me défendre dans la rue contre des drogués ou des maquereaux, mais que j'étais incapable de dire à ma mère ce que j'avais sur le cœur. Elle avait toujours de l'emprise sur moi, une manière de me contrôler dont je n'arrivais pas à me défaire. John Wood était dans son sillage. Ils sont allés dans le salon et ont commencé à s'extasier sur Ben et Naomi comme si c'était la chose la plus naturelle du monde.

— Fais-nous visiter, a dit ma mère.

J'avais l'impression d'être dans un univers parallèle. Je lui ai montré les chambres. Ben avait envie de tout lui faire voir.

— Je suis ta mamie, lui a-t-elle dit avec un grand sourire.

Elle était si aimable, si avenante, que j'en avais des frissons. Je n'étais pas de taille à la battre. Quelle que soit la facette qu'elle choisissait de montrer, maniaque ou amicale, elle me déstabilisait et m'effrayait.

— On compte décorer quand on aura assez économisé, expliqua Steve. On commencera par les chambres des enfants.

— Prévenez-moi quand vous aurez la tapisserie, répondit ma mère, je vous donnerai un coup de main. Je sais faire.

J'étais ahurie par son audace. C'était à la fois réconfortant et totalement bizarre. J'avais tellement envie d'avoir une famille, d'être soutenue et aimée. Mais je sentais que rien n'allait dans sa proposition.

— Ce serait génial, m'entendis-je répondre. J'achèterai la tapisserie dès que possible.

Je refusais de penser aux viols. Ce n'était pas seulement que je les repoussais de mon esprit. En réalité, les agressions que j'avais subies étaient si profondément enfouies que j'aurais été incapable de les ramener au grand jour, même si je l'avais voulu. Ils étaient enfermés à double tour au fond de ma mémoire, et j'avais jeté la clé. Ce n'était pas une décision consciente, je ne crois pas. Plutôt une tactique de survie. Je savais, sans le formuler, que si ces souvenirs refaisaient surface, ils me détruiraient. Et ils détruiraient mes chances d'être une mère pour mes enfants. Pour leur bien, et pour le mien, je devais me couper de ce passé.

Jock avait une famille, lui aussi. Comme maman, il s'est présenté par surprise quand il a appris que j'avais un nouveau bébé. Il se tenait sur le seuil avec toute sa famille, une carte et un cadeau, comme n'importe quel frère normal.

— Entre. Je suis contente de vous voir.

Je ne savais pas quoi dire d'autre. Je me disais qu'il valait mieux pour tout le monde faire semblant. Pourtant, même si j'ai laissé les membres de ma famille rentrer dans nos vies, jamais je ne les laissais seuls avec mes enfants. Ainsi, malgré le blocage de mes souvenirs, je gardais conscience du risque qu'ils représentaient. Ils étaient dans ma vie, mais je restais vigilante. Toujours. Je ne suis pas très sûre que je savais ce que je craignais, mais je restais sur mes gardes. Un après-midi, alors que Steve était au travail et Ben à l'école, on a frappé à la porte et j'ai reconnu Jock dehors.

— Je passais dans le coin, je me suis dit que j'allais venir te voir, a-t-il dit en entrant avec assurance dans la maison.

J'ai hoché la tête, décontenancée et un peu apeurée, même si je ne savais pas trop pourquoi. Naomi dormait dans son berceau. Je suis allée dans la cuisine lui préparer un thé, mais il y avait de la tension. Tout mon corps exsudait la peur. Mais pourquoi ? En allumant la bouilloire, j'ai soudain senti le souffle de Jock sur ma nuque, et je me suis retournée en sursautant. Il s'est plaqué contre moi et a glissé sa cuisse entre mes jambes en me susurrant :

— Ça te dirait de remettre le couvert, en souvenir du bon vieux temps ?

D'un coup j'ai été bombardée d'images surgies du néant. J'étais une petite fille allongée sur l'herbe de Black Bank, avec Jock au-dessus de moi. Et j'étais aussi là, derrière le canapé, avec ma culotte aux chevilles. Je revoyais sa médaille de saint Christophe qui se balançait d'avant en arrière, je sentais sa peau qui frottait contre la mienne, et mes grimaces à cause de la douleur tandis qu'il me brutalisait, me violait, encore et encore. J'ai planté mon regard dans le sien et, sans vraiment le décider, l'ai repoussé.

— Je ne suis pas une petite fille, ai-je rétorqué d'une voix étranglée. Tu ne peux pas me faire ça.

Le choix de mes mots me laissait pantoise et écumante. Comme si ça avait été consensuel, comme si ça avait été des petits jeux amusants entre nous.

Jock est sorti de la maison sans dire un mot tandis que je m'effondrais contre l'évier de la cuisine, tremblant de tout mon corps.

— Je ne suis plus une petite fille, ai-je répété, en larmes.

Je voyais les souvenirs tenter de remonter des profondeurs où je les avais enfouis. Je les entendais, cherchant l'espace, voulant désespérément être vus et sus. À ma grande honte, je me rendais compte que Jock avait agi comme s'il était certain que je ne dirais rien, que je n'en parlerais pas à Steve ni à quiconque. Il avait tenté sa chance en sachant qu'il ne risquait rien. Il était venu dans ma maison avec une arrogance suprême pour mettre mon monde à l'envers. Il me contrôlait toujours. Jock était toujours mon geôlier. J'étais en prison. Je m'étais convaincue que je revoyais ma famille parce que ça me convenait, mais c'était stupide. C'étaient eux qui décidaient. Si ce n'était pas le syndrome de Stockholm, ça y ressemblait.

— Je ne me débarrasserai jamais d'eux, dis-je en sanglotant.

Il y avait deux côtés chez moi, deux camps en conflit. Je voulais une famille, des oncles et des tantes pour mes enfants, la normalité. Je voulais ce que tout le monde a. Je voulais un antidote à ces nuits toute seule dans la chambre humide et moche où j'avais frappé Ben. Mais au fond de moi, tout au fond, couvait le feu de la colère.

— Non. Non ! Je ne supporterai pas ça. Ce n'est pas possible.

Je me suis relevée et me suis fait un café. J'avais l'impression de devoir jeter toute mon enfance à la poubelle. Je voulais qu'il n'en reste rien. J'ai enterré la visite de Jock avec tous mes autres souvenirs toxiques. J'étais comme une sorcière jetant un sort. Bannis.

À trois heures de l'après-midi, j'étais de nouveau calme, maîtresse de mes nerfs, prête à aller chercher mon fils à l'école. Prête à être une mère pour lui. Noël était quelques jours plus tard, je devais économiser tout ce que je pouvais pour lui acheter une Sega Mega Drive, le jouet de l'année. Je me concentrais sur mes enfants et mon avenir, tout le reste était mort pour moi. J'ai retrouvé Ben devant l'école, et sur le chemin nous avons parlé du Père Noël, des rennes et des bonshommes de neige.

—Vivement, maman, m'a dit Ben avec un grand sourire.

Voilà ce que je voulais. Sécurité, normalité, amour. Le reste pouvait bien aller en enfer.

Au Nouvel An 1994, alors que Naomi avait six semaines, mon grand-père paternel est mort. Jock et moi avions vécu chez lui quand on était petits, avant d'être placés, et je gardais un souvenir tendre de lui.

—J'aimerais aller en Écosse l'enterrer, ai-je dit à Steve.

Il a proposé de nous conduire là-bas, puis Jock a demandé si nous pouvions l'emmener.

—Bien sûr, il y a de la place, a dit Steve.

J'ai ouvert la bouche sans pouvoir articuler un son. Qu'aurais-je pu dire ? J'étais blême que Jock ait supposé, avec sa confiance en lui, qu'il était le bienvenu. C'était une confirmation de plus, s'il le fallait, que j'étais complètement sous son contrôle. J'ai fait tout le trajet jusqu'en Écosse à l'arrière avec les enfants, tandis que Jock était à l'avant sur le siège passager. Sur place, nous avons tenté de réconforter notre grand-mère en deuil. Comme un frère et une sœur. J'ai de la peine à le croire, aujourd'hui. Et je ne m'attends pas non plus à ce qu'on me comprenne, parce que cela me paraît incompréhensible à moi aussi.

* * *

À l'automne 1994, Steve et moi avons commencé à nous disputer de plus en plus souvent. Il y avait de la tension dans la maison ; souvent, on ne se parlait pas ou on s'envoyait des piques, et je n'aimais pas ça.

— Ce n'est pas bien pour les enfants, lui disais-je.

À Noël, ça n'a fait que s'aggraver, et j'ai senti qu'il fallait faire quelque chose.

— Je veux que tu partes. Je ne veux pas d'ennuis. Juste la paix.

Je devais penser à mes enfants. Ils passaient en premier, devant n'importe quel homme. En réalité, je n'étais pas très engagée dans notre relation. Et je doutais de toute façon que je trouverais un jour un compagnon avec qui je serais à l'aise pour le restant de mes jours. Steve est parti au Nouvel An, et après cela les enfants et moi avons retrouvé de la sérénité. J'étais sincèrement heureuse.

Je l'admets, je me sentais coupable d'apprécier ma propre compagnie. J'aimais être seule, j'avais toujours aimé ça. Et être mère, c'est-à-dire recevoir et donner de l'amour, était le meilleur job du monde. Depuis que j'avais récupéré, je me débrouillais plutôt bien, ce qui me procurait une joie immense.

À l'été 1995, quand Naomi a eu dix-huit mois et Ben six ans, je suis devenue amie avec un homme qui habitait dans la rue, Mick. C'était l'ancien compagnon d'une de mes voisines, toujours par monts et par vaux. C'était un vrai personnage, drôle et irrévérencieux, et chaque fois qu'il me croisait, il se foutait gentiment de moi.

— Regarde-toi ! criait-il en passant devant la maison. T'as pas de brosse à cheveux ou quoi ?

Je ne me privais pas de lui répondre. On s'entendait bien tous les deux. Le simple fait de le voir me donnait le sourire. Un après-midi, après deux mois, un ami de Mick est venu frapper à ma porte.

— Mick voudrait savoir si tu serais d'accord pour l'accompagner quelque part un soir ? Un genre de rendez-vous romantique, quoi.

Comme il avait l'air mal à l'aise, je me suis retenue de rire.

— Il est encore à l'adolescence ? ai-je répondu sur un ton pince-sans-rire. S'il veut me le proposer, qu'il le fasse lui-même. Il n'est pas censé avoir une grande bouche ?

J'ai fermé la porte en riant. Je n'aurais jamais cru qu'il le ferait. Mais quelques minutes plus tard, Mick a passé la tête par la porte, rouge comme une pivoine, et a réitéré sa question.

— Je vais devoir accepter vu comme tu insistes, ai-je répondu en souriant.

Ma seule condition pour accepter ce rendez-vous a été de pouvoir amener aussi mes enfants !

— Ça fait partie du lot.

Inconsciemment, j'essayais de le repousser, mais ça n'a pas marché. Il nous a emmenés tous les trois un après-midi au club du quartier, où il y avait une aire de jeux et un château gonflable. C'était un après-midi génial, et à la fin de l'après-midi les enfants l'adoraient, eux aussi. Mick avait des enfants d'une relation précédente, et il était merveilleux avec les petits. Il ne faisait qu'un mètre soixante-cinq, mais il était plein de drôlerie et d'énergie. Il n'était pas romantique du tout, mais gentil et amusant. On se disputait rarement – on était amis avant tout chose. C'était quelqu'un de travailleur, et toujours occupé. Il savait tout faire, même si au moment où je l'ai rencontré il travaillait comme agent d'entretien.

Au bout de cinq mois, notre relation est devenue sérieuse. J'imaginais un avenir avec Mick, comme jamais avant. Au début de l'année 1996, malgré la contraception, je suis tombée enceinte. Et en décembre suivant, nous avons eu un fils, Josh. Mick et moi étions enchantés.

— Il faut que tu envoies une photo de notre bébé à ta maman, me poussait-il. Elle a le droit de voir son petit-fils.

Malgré mes efforts pour enterrer les souvenirs et les flash-back, je souffrais de stress et de dépression, et il y avait des jours où je me débattais sans savoir pourquoi. Ma relation avec ma mère était au mieux superficielle et boiteuse. Je ne l'avais pas vue depuis un an à ce moment-là, elle ne savait même pas que je venais d'avoir un enfant. C'était comme ça, elle soufflait le chaud et le froid. Comme toujours, j'étais à la merci de ses sautes d'humeur.

— Je ne suis pas sûre de vouloir lui envoyer une carte, ai-je répondu. On ne s'entend pas très bien.

—Oh, allez, c'est juste une carte, et elle voudra peut-être le voir, insista-t-il. Un nouveau bébé, ça rassemble les familles.

Les parents de Mick étaient morts, et il voulait des grands-parents pour ses enfants. Et bien sûr, il ignorait tout de ce que j'avais vécu. Personne ne savait. Ma mère et John Wood vivaient désormais à la loge maçonnique, où ils travaillaient comme concierges. Ils étaient vus comme des gens bien sous tous rapports. Personne n'aurait jamais pu deviner les secrets sordides qu'ils cachaient derrière leurs rideaux.

Finalement, pour faire plaisir à Mick, juste avant les deux ans de Josh, j'ai envoyé une carte à maman avec une photo récente de lui. Mais je n'ai pas eu de réponse et ai essayé de ne pas m'appesantir. Trois mois plus tard, Mick était au lit un après-midi après avoir travaillé de nuit, j'étais en bas à faire du repassage quand j'ai vu une silhouette passer sur le miroir du salon. Sans l'ombre d'un doute, j'ai su que c'était ma mère. J'aurais reconnu ce profil n'importe où. J'avais beau faire mine d'être détachée, détendue, elle et moi savions parfaitement qu'elle continuait à me terroriser.

—Je peux entrer ? a-t-elle demandé poliment. J'ai entendu que tu as eu un autre bébé.

Je l'ai laissée entrer sans rien dire. Elle est allée tout droit vers le lit à barreaux de Josh et a passé un moment à l'amadouer.

—Dis bonjour à mamie, mon chéri. Tu es très beau, oh oui, très beau.

C'était une vision émouvante. Je me suis presque convaincue, non, je me suis convaincue que c'était une grand-mère aimante.

— Ton père ne sait pas que je suis là, m'a-t-elle confié. Il ne serait pas d'accord. Mais j'aimerais rendre visite aux enfants si tu es d'accord. Ils me manquent. Vraiment.

C'était demandé gentiment, mais nous savions toutes les deux que je ne pouvais pas dire non. J'ai hoché la tête, bêtement, parce que je croyais ne pas avoir d'autre option. Je n'ai pas posé de question par rapport à ce qu'elle venait de me dire sur John Wood ; ce n'était pas mon problème. Elle m'a prévenue qu'elle reviendrait le lendemain, plus tard dans l'après-midi, quand les autres enfants seraient rentrés de l'école. Je n'ai pas dit aux enfants qu'elle allait venir, au cas où elle changerait d'avis. Mais bien sûr, j'ai entendu frapper à la porte, et cette fois elle avait apporté des bonbons pour Ben et Naomi. Ben se souvenait de sa précédente visite, une année plus tôt, et son visage s'est éclairé quand il l'a reconnue.

— Ma mamie !

L'entendre crier cela avec joie m'a fait mal aux oreilles. Je voulais qu'il ait une grand-mère, mais pas que ce soit elle.

Elle a passé un peu de temps avec les enfants, a donné le biberon à Josh, joué avec Ben et Naomi. Ça aurait pu être un beau moment en famille. Mais je devais me forcer à le considérer ainsi. Les semaines suivantes, ses visites se sont faites régulières, et elle apportait parfois un jouet ou un livre aux enfants. Ils étaient contents de la voir. Naomi se plantait derrière la fenêtre, le nez écrasé contre la vitre, en attendant que ma mère arrive. Elle adorait avoir une mamie, comme ses copines. Pour Ben, c'était un visage familier, un lien avec sa prime enfance, et il l'accueillait avec plaisir. Je ne parlais pas d'elle aux enfants, ni en bien ni en mal. Je leur disais juste que c'était ma mère, qu'elle avait envie de nous voir, et les laissais se faire leur propre opinion. Et bien sûr, je m'assurais qu'elle ne reste jamais seule avec eux.

Pour être honnête, j'appréciais d'avoir une famille étendue. Je ne voulais rien d'autre que la normalité. Que mes enfants soient gâtés. Mais à quel prix ?

Avec le recul, je me demande dans quelle mesure ma mère essayait de se racheter à travers ses petits-enfants. J'aimerais croire qu'elle était désolée. Mais si c'était le cas, elle ne l'a jamais dit. Et il est plus probable que tout cela n'était que faux-semblants de sa part. Encore un trait inexplicable de son esprit déviant.

11

Mick n'aimait pas rester dans la même maison trop longtemps. Tous les deux ou trois ans, il me convainquait de déménager. Moi, je n'aimais pas ça ; je détestais faire les cartons puis tout ressortir, le chaos le jour du déménagement, les disputes pour savoir qui allait dans quelle chambre. J'avais la sensation désagréable de fuir. Mais je ne savais pas quoi. Notre petite famille se portait bien. Plus les enfants grandissaient, plus leurs personnalités se forgeaient. C'était merveilleux à observer. Chez chacun d'eux, en particulier Naomi, je retrouvais quelque chose de Christopher. Josh était né avec une maladie appelée ptosis congénital, c'est-à-dire qu'il n'avait pas de muscle dans la paupière gauche, qui était donc toujours baissée. Au cours de ses premières années, je n'arrêtais pas de l'emmener chez des médecins, mais au départ on ne m'écoutait pas, on me disait que j'étais une jeune mère surprotectrice, d'autant plus que j'avais perdu un enfant.

— Vraiment, vous vous inquiétez pour rien, me disait-on. Ça passe en grandissant.

Mais Josh avait aussi des problèmes à l'oreille droite et il faisait beaucoup d'infections, surtout en hiver. Son

177

oreille droite a été opérée quand il a eu dix-huit mois. Ensuite, il a eu beaucoup d'autres opérations, surtout à l'oreille droite, mais aussi à l'œil. En tout, Josh aura quatorze opérations dans ses quinze premières années. Il ne sortait d'une épreuve que pour en subir une autre, et je détestais le voir souffrir.

Même si toute son enfance a été dominée par sa mauvaise santé, il le vivait remarquablement bien. Mes autres enfants n'avaient aucun problème de santé ; seul le pauvre Josh était sans cesse embêté. J'essayais de le mettre dans un cocon pour le rassurer.

Naomi était une petite fille qui adorait les poupées Barbie. Elle avait beaucoup de volonté et de détermination et elle parlait toujours franchement. J'avais l'impression de me revoir, à certains égards. D'ailleurs, elle me ressemblait autant qu'à Christopher. J'imaginais qu'en grandissant, leurs deux visages finiraient par se confondre. C'était à la fois un plaisir et une souffrance de constater cette ressemblance au jour le jour. Quand Josh est né, Naomi a tapé du pied et boudé :

— Renvoyez-le ! Je voulais une petite sœur !

Cela a été entre eux le début d'une rivalité teintée d'affection, qui ne s'est jamais démentie tout au long de leur vie. Ben était un garçon sensible, réfléchi et parfois anxieux. Je lui savais gré de m'avoir accordé une deuxième chance et je gardais en moi l'idée que je devais me rattraper avec lui, que je ne pourrais jamais en faire trop.

À chaque Nouvel An, quand on avait bu un verre ou deux, Mick me demandait en mariage. C'était devenu une tradition, comme le concert philharmonique. Mais j'avais beau l'aimer et être à l'aise avec lui, j'hésitais.

Nous étions heureux, et au fond je ne pensais pas que le mariage améliorerait grand-chose.

— Non, lui disais-je chaque année en souriant. Redemande-moi dans un an.

Nous avons eu un autre enfant en juillet 1999, et entre mes quatre enfants et mon boulot de femme de ménage à plein temps, j'étais bien occupée. J'étais plus qu'heureuse, je nageais dans le bonheur. Comme d'habitude, Mick m'a refait sa demande au Nouvel An 1999, et cette fois j'ai cédé.

— Oui ! Tu as attendu assez longtemps.

Cela faisait sept ans que nous étions ensemble. Nous avons prévu de nous marier en septembre suivant, en invitant mes parents et quelques membres de la famille. Jock n'a pas été invité. Il n'avait pas gardé le contact depuis quelques années, et je n'avais pas fait d'efforts non plus. J'avais tout le temps l'impression que des mauvaises nouvelles pouvaient tomber, un peu comme si je retenais mon souffle en permanence. Ma mère continuait à venir voir les enfants, et John Wood l'accompagnait le plus souvent. Il faisait beaucoup d'efforts pour être agréable avec les enfants, qui l'appelaient papi et l'adoraient. Même si cela me fait mal d'y repenser, c'est vrai. Quand ils sont venus nous rendre visite cette année-là, Mick s'est empressé de leur annoncer la bonne nouvelle.

— On va se marier ! a-t-il annoncé. Elle a accepté !

Ma mère avait l'air enchantée.

— Je vais vous aider pour l'organisation. Ton père t'accompagnera jusqu'à l'autel, bien sûr. Tu as déjà réfléchi aux demoiselles d'honneur ?

J'ai haussé les épaules. Mais j'ai laissé faire. Je n'étais ni pour ni contre l'idée que John Wood me tienne la main dans l'allée centrale de l'église. Je connaissais ma place. Maman a insisté pour s'impliquer dans tout, et quand je lui ai montré la voiture décapotable crème et bordeaux que nous voulions pour le mariage, elle a proposé de payer la location. Elle a aussi participé financièrement au buffet et au gâteau.

— N'en parle pas à ton père, m'a-t-elle dit discrètement. C'est notre secret.

Encore une fois, je me demande aujourd'hui si elle essayait de se racheter pour les horreurs du passé. Je ne le saurai jamais. Me jeter quelques billets pour ce gros événement n'était pas vraiment une rédemption, mais quelle pénitence aurait suffi pour ce qu'elle avait fait ? Aucune somme d'argent, aucun effort n'aurait pu effacer les atrocités de mon enfance.

— N'oublie pas, dit-elle en me fourrant les billets dans la main. C'est entre nous.

C'était bien d'elle de faire encore des secrets. En mars, j'ai découvert que j'étais enceinte. On utilisait des préservatifs, comme toujours, mais ça ne fonctionnait pas.

— Il suffit que je sois là et tu tombes enceinte, m'a fièrement lancé Mick.

L'échographie a montré que je portais une petite fille, ce qui nous enchantait, mais cette nouvelle augurait d'une grossesse difficile. Allez savoir pourquoi, mon corps avait plus de mal à porter les filles. J'étais malade, je manquais d'énergie, je faisais infection sur infection. Avec quatre enfants sur lesquels veiller, j'avais du mal, et c'est peut-être là que les premiers craquements entre Mick et moi sont apparus. En août, la veille de notre mariage, l'agence du logement nous a proposé une nouvelle maison, avec un jardin. Nous n'avions jamais eu de jardin, l'opportunité était trop belle pour que nous la laissions passer. Le déménagement devait avoir lieu la semaine suivant notre mariage, un enchaînement compliqué.

— Il faut qu'on la prenne, ai-je dit à Mick. C'est exactement ce qu'on attendait.

Je tenais absolument à ce que les enfants aient un jardin.

— Tu pourras jouer au foot et au tennis, et on dormira sous une tente ! On pourra faire des barbecues. On va s'éclater !

Le matin du mariage, ma mère est venue m'aider à préparer les enfants. Même si je me débattais avec des sentiments contradictoires, cela me fait du mal de l'écrire, mais à cet instant je l'aimais et j'avais besoin d'elle. Elle était ma mère. Une mère satanique, dépravée, horrible, moralement corrompue, mais je n'en avais pas d'autre. John Wood m'a amenée à l'autel par un bel après-midi de septembre dans l'église pentecôtiste de Knutton, Staffordshire. Il y a eu un moment, dehors, où nous avons été seuls tous les deux. C'était l'occasion parfaite pour lui de me dire quelque chose. Mais il l'a laissée passer. Il m'a prise par le coude et je me suis concentrée sur mon mariage et sur l'avenir. Tout le reste était flou. Mick rayonnait quand je suis arrivée à ses côtés. Il m'a susurré :

— Enfin, on est là. Tu es belle, mon amour.

J'ai rougi, mais en réalité j'étais mal à l'aise d'être au centre de l'attention. J'ai accueilli la fin de la cérémonie avec soulagement. Mary nous a regardés prononcer nos vœux – c'était mon invitée d'honneur officieuse.

Le 2 septembre, le lendemain du mariage, le travail a commencé avec deux mois d'avance. En panique, j'ai préparé un sac et nous nous sommes précipités à l'hôpital. Les médecins ont arrêté mes contractions et j'ai pu rentrer à la maison juste à temps, le 8 septembre, pour superviser le déménagement dans notre nouvelle maison. C'était mal organisé, difficile, mais après coup j'ai poussé un soupir en me disant que j'allais enfin me reposer et me préparer à l'arrivée du nouveau bébé.

Sauf que des crampes d'estomac m'ont obligée à retourner à l'hôpital à peine quelques jours plus tard. C'était grave et stressant. Pas le départ idéal pour de jeunes mariés. Deux semaines plus tard, notre petite fille Michaela est née. C'était une petite chose très prématurée, douce et délicate. Elle était belle. Cette nouvelle venue dans la famille me submergeait de joie.

— Bienvenue, petite princesse.

J'adorais être mère. Mais cinq enfants plus un bébé parti avec les anges, c'était assez pour moi. J'ai décidé de me faire stériliser avant de concevoir un autre bébé par surprise. Quand j'ai abordé le sujet avec Mick, il a eu un coup de sang. Jamais nous ne nous étions disputés de cette façon.

— Sois raisonnable, Mick, disais-je. On a une grande famille, on a de la chance. Je pense qu'on devrait s'arrêter là.

Il n'était pas d'accord. Mais je ne l'ai pas écouté. Moi qui n'avais pas eu le choix sur ce qui arrivait à mon corps pendant mon enfance, j'avais le sentiment que je devais le contrôler maintenant. Si Mick ne pouvait pas le comprendre, il devrait l'accepter.

Après mon opération, Mick a perdu son job et est resté au chômage un moment. Cela a mis une mauvaise ambiance, on se disputait plus souvent. J'ai dû prendre deux boulots à plein temps, je faisais le ménage dans un hôpital et dans un pub. C'était moi aussi qui m'occupais le plus de la maison et des enfants. Bien souvent, en rentrant du travail, je trouvais la maison en bazar et je devais m'y remettre.

— Mick, tu pourrais aider un peu plus, non ?

— Je fais ce que je peux, se plaignait-il. Arrête de me critiquer, tu ne fais que ça.

C'était étrange : alors qu'on s'était rarement fâchés pendant des années, cela n'arrêtait plus, comme si ce mariage était une malédiction. Il avait complètement gâché notre relation. L'équilibre du pouvoir avait été modifié à la maison, nos rôles aussi. Je voulais revenir à ce que nous avions connu, mais je ne voyais pas comment. Un jour, après le travail, une voisine m'a arrêtée dans la rue.

— Ce n'est pas mes oignons, Maureen, mais Mick emmène ta fille chez ta mère en journée, m'a-t-elle dit. Je me suis dit que tu devrais le savoir. Il ne s'occupe pas d'elle lui-même.

Je l'ai dévisagée, sous le choc. Bien sûr, il ne savait pas qu'il ne fallait surtout pas laisser les enfants seuls avec mes parents, mais j'étais horrifiée par sa tromperie. Je ne pouvais pas lui pardonner. En plus, je travaillais toute la journée et c'était à lui de veiller sur Michaela.

— C'est à nous de nous occuper de nos enfants, et à personne d'autre, lui ai-je crié.

Mick ne voyait pas le problème. J'ai appris que Michaela n'y avait pas passé beaucoup de temps et qu'elle n'y était pas seule. Mais je n'étais pas rassurée pour autant. Et pour ce qui était de mon couple, ce n'était qu'une déflagration de plus. Le lendemain, moins d'un an après notre mariage, j'ai rempli les papiers pour le divorce.

Nous avions passé énormément de bons moments ensemble, mais on aurait dit que ce mariage avait été la fin. Cependant, nous sommes restés amis. À Noël, et à tous ceux qui ont suivi, Mick et moi avons passé la soirée en famille. Je ne voulais pas que les enfants aient à choisir entre nous, ni qu'il soit seul à Noël. Je n'étais pas faite pour vivre à deux, je l'acceptais maintenant. Mais j'ai fait de mon mieux pour limiter autant que possible l'impact sur les enfants.

Nous passions les fêtes ensemble, et notre entente était souvent si évidente et fluide que j'avais l'impression que nous étions encore un couple.

Après ma rupture avec Mick, j'ai connu des difficultés financières et pratiques. J'élevais seule cinq enfants et je devais aller travailler en plus de m'occuper d'eux et de m'assurer qu'ils vivent le mieux possible le départ de la maison de leur papa. Comme il avait beaucoup de personnalité, son absence se faisait d'autant plus sentir.

Les six premiers mois ont été particulièrement durs. J'avais lutté contre la dépression toute ma vie, et voilà que la bête pointait de nouveau le bout de son nez, menaçant de me happer. J'avais eu trois grandes histoires, qui avaient toutes fini dans le mur. Le problème venait-il de moi ? Et était-ce le même défaut chez moi qui m'avait valu d'être abusée et violée durant mon enfance ? Ou est-ce que je choisissais mal mes partenaires ? De temps en temps, je me croyais coupable de tout. C'était absurde, je sais. Mais je ne pouvais pas m'en empêcher.

Petit à petit, j'ai réussi à sortir de la dépression et de l'angoisse pour me concentrer comme toujours sur mes enfants. Je cuisinais beaucoup, et contrairement à ma mère, j'encourageais les enfants à venir avec moi dans la cuisine, je leur donnais une cuillère en bois et un bol pour expérimenter. Il y avait des ressemblances indéniables entre ma mère et moi : nous partagions des gènes et l'amour de la cuisine, mais je voulais autant que possible me distancer d'elle. Avec Ben et Naomi, je préparais de grandes lasagnes, du chili, du poulet au curry. On ne suivait jamais les recettes, on improvisait au fur et à mesure.

— C'est un travail en famille, disais-je.

On faisait de gros gâteaux, aussi, à chaque anniversaire. C'était comme une thérapie de groupe collective.

Mick et moi avons officiellement divorcé en janvier 2005. Même si j'étais triste d'en arriver là, je ressentais aussi un vrai soulagement d'être de nouveau célibataire. C'était difficile de m'occuper seule des enfants, mais encore plus de faire durer une relation. Les enfants étaient ma priorité, et tandis que nous nous efforcions de trouver notre routine, je me sentais heureuse et en paix. Je n'avais pas de vie sociale, mais ça ne me dérangeait pas. J'étais habituée à être seule, et à vrai dire, même quand il y avait du monde autour de moi, je me sentais toujours fondamentalement seule.

J'étais célibataire depuis deux ans et demi quand je suis devenue amie avec une femme qui s'appelait Josie. Par des amis communs, je savais qu'elle était lesbienne et que sa relation battait de l'aile. Je l'ai soutenue comme je pouvais ; on buvait le café ensemble ou on faisait de longues promenades avec mon chien. Au départ, il n'y avait que de l'amitié entre nous, mais sa relation s'est terminée et elle a commencé à flirter timidement avec moi. Et à ma grande stupéfaction, je répondais à ses sollicitations. Depuis mon bref épisode avec la fille de l'école, quand j'étais ado, je n'avais jamais beaucoup réfléchi à ma sexualité. Je m'imaginais que je pouvais l'enfouir et ne plus y penser, comme tout le reste.

Je ne voulais de relation avec personne. Je m'étais résignée, sans tristesse, à rester seule le reste de ma vie. Mais au fil du temps, j'ai fini par vraiment aimer Josie. Comme si j'avais eu un déclic. Un jour où nous prenions le café à la maison toutes les deux, sans l'avoir prémédité, je me suis penchée vers elle et l'ai embrassée. Et elle m'a rendu mon baiser. Après, elle a ri et m'a dit :

— Eh bien, il était temps.

La prise de conscience ce jour-là a été extraordinaire. J'ai compris que j'étais homosexuelle et que je l'avais toujours été. Le fait de me l'avouer a été une révélation. Je me sentais à l'aise dans mes baskets, contente de ce que j'étais, complète en tant que personne. J'étais une mère lesbienne, avec cinq merveilleux enfants et un ange. Dès le début, j'en ai parlé avec mes enfants. Je ne voulais pas qu'ils l'apprennent par des rumeurs. Quand notre relation a démarré, j'ai réuni mes enfants et leur ai expliqué que j'étais tombée amoureuse de Rosie. À ma grande surprise, ça n'a pas eu l'air de les déranger. Ils m'ont soutenue.

— Si tu es heureuse, on sera heureux, m'ont-ils dit. Vraiment.

Seul Josh a eu un peu plus de mal à accepter. Il idolâtrait son père, et, homme ou femme, personne ne pouvait passer après lui.

— Nous ne nous remettrons jamais ensemble, ton père et moi. Je suis désolée, Josh, mais c'est un fait.

Mick m'a aidée, il a gardé Josh quelque temps chez lui, le temps qu'il s'habitue à l'idée de Josie et moi. Et avec le temps, il a fini par s'ouvrir. Nous ne vivions pas ensemble, Josie et moi, mais cela ne nous empêchait pas d'être parfaitement heureuses. Je me sentais accomplie. Enfin, j'étais devenue celle que j'étais censée être dans la vie. Les enfants se portaient bien. Il n'y avait pas de gros problème. La vie était bonne. Peut-être trop.

En décembre 2007, au bout de six mois de relation avec Josie, je me pinçais chaque jour pour m'assurer que je ne rêvais pas. Nous nous entendions parfaitement. Il n'y avait pas les bisbilles et les insécurités habituelles, comme dans mes précédentes histoires. C'était sérieux sans être pesant, décontracté sans être par-dessus la jambe. Josie comprenait sans en prendre ombrage que je ne voulais pas d'une vie à deux. Elle n'était pas possessive. De son côté, elle avait du temps pour elle, ce que je respectais. J'étais détendue, sans inquiétude, et je me projetais dans l'avenir sans entrevoir d'obstacles majeurs.

C'était nouveau pour moi. Plus d'oppression d'aucune sorte. Pour la première fois de ma vie, je n'avais pas besoin de construire des murs, de me trouver des excuses ou de fuir. Au contraire, inconsciemment, j'abattais les murs qui m'avaient emprisonnée et protégée pendant si longtemps. Brique par brique, je les démontais. Et ce faisant, je déterrais des souvenirs enfouis. Je ne filtrais plus toutes mes pensées, le moindre mot, comme un scanner d'aéroport. Je baissais la garde, et les conséquences allaient me submerger.

Un soir où Josie restait passer la nuit, la soirée s'est déroulée sans événement notable, nous discutions de nos projets pour Noël et des listes de cadeaux.

— Mick sera là pour le dîner de Noël, ai-je rappelé à Josie. J'espère que ça ne te dérange pas.

— Pas du tout. On fera quelque chose toutes les deux le lendemain si ça te va. Aucun problème.

C'était comme ça entre nous. Franc et harmonieux. Nous nous sommes couchées, et rien ne laissait présager que mon monde allait basculer.

Au cours de la nuit je me suis réveillée en hurlant de terreur. Il m'a fallu plusieurs secondes pour comprendre que c'était moi qui criais. Je ressentais une douleur atroce en bas, comme si quelqu'un me mettait quelque chose à l'intérieur. Et soudain, j'ai compris. Je venais d'être violée. J'avais neuf ans et John Wood était au-dessus de moi, avec son haleine de bière, son pyjama de vieux et ses yeux de poisson mort. Je voyais tout.

— Maureen, qu'est-ce qui t'arrive ?

C'était Josie. Elle me secouait pour me sortir de ma transe. Mais je ne voyais que John Wood. Ce salaud de John Wood. Agrippée aux draps, j'étais trempée de sueur.

— Il m'a violée. Il m'a attaquée.

Je tremblais.

— C'était un rêve. Juste un rêve.

Mais je savais que c'était plus qu'un rêve. Ma respiration s'est calmée peu à peu, et j'ai voulu sortir du lit pour aller chercher un verre d'eau. Mais en me levant, j'ai senti la douleur horrible du viol entre mes jambes. Je revivais l'horreur, physiquement et mentalement. Il m'a fallu une heure pour reprendre totalement conscience de mon environnement et m'assurer que je n'étais pas dans la chambre aux rideaux fleuris et au couvre-lit rose. Il n'y avait pas de posters aux murs, pas de chapelet sur la commode. Et je n'étais pas une enfant.

Dans un premier temps, je n'ai rien dit à Josie. Je ne pouvais pas le verbaliser. Surtout, j'avais honte.

— J'ai dû regarder trop de films d'horreur. J'ai fait un cauchemar, c'est tout.

Josie était perturbée, je le sentais.

— Je m'inquiète pour toi.

Mais j'étais résolue à laisser tout cela derrière moi, à le remettre au fond d'une boîte fermée à double tour. Et au bout de quelques jours, en voyant que rien d'autre ne se passait, j'ai poussé un ouf de soulagement. Mais là, j'ai eu une deuxième crise. Un début de routine : je me réveillais transie d'horreur, en plein milieu d'un viol, hurlant de terreur et de douleur, l'implorant d'arrêter. J'étais toute seule cette fois, mais mes hurlements ont réveillé les enfants, qui se sont précipités dans ma chambre.

— Maman, maman, qu'est-ce qu'il y a ? demandait Naomi. On aurait dit que tu te faisais assassiner.

Mais je n'étais pas leur maman. J'étais une petite fille de neuf ans aux prises avec un monstre. J'entendais la boucle de John Wood qui s'ouvrait. Je le voyais lisser son bouc avant de quitter ma chambre.

— J'ai fait une vasectomie, disait-il. Tu ne peux pas tomber enceinte. Cherche dans le dictionnaire.

— Maman ! criait Naomi. Qu'est-ce qui t'arrive ?

— Rien, ai-je fini par marmonner en reprenant un peu mes esprits. J'ai mangé du fromage avant de me coucher. Un cauchemar, c'est tout. Retournez vous coucher.

Mais ensuite, ça n'a plus arrêté. La digue avait sauté. Mes rêves étaient comme des gremlins qui me retournaient le cerveau et menaçaient ma vie, mon bonheur, ma santé mentale, mon existence même. Ils étaient chaotiques, sporadiques, mélangeant dans le désordre des fragments d'horreur. Une nuit, j'ai rêvé du tout premier viol, quand j'étais petite, blottie dans mon lit, et que je cherchais refuge là où j'étais le moins en sécurité.

— N'en parle à personne. Sinon je te tue. Et n'oublie pas, je me suis fait faire une vasectomie.

Ces paroles me hantaient, tous les mots se bousculaient et se brouillaient dans mon esprit.

Le lendemain, j'avais seize ans et John Wood me plaquait dans l'escalier tel un reptile visqueux et insatiable.

— Tu es ma femme cette semaine. Tu es à moi.

Au réveil, j'avais le cœur qui cognait et le sang battait si fort à mes tempes que j'entendais à peine mes propres cris. J'étais sûre qu'il allait me tuer. C'était la nuit. Il allait me violer jusqu'à ce que je perde conscience, et ensuite il me tuerait. J'avais tellement peur que je tremblais. Je voulais sortir du lit pour aller boire quelque chose de chaud, mais je craignais qu'il m'attende sur le palier. Je n'arrivais pas à revenir au présent.

— Allez, Maureen, me disais-je. Tu ne vas pas te laisser malmener comme ça.

Mais j'étais incapable de faire barrage aux cauchemars. Chaque fois, j'étais convaincue d'être revenue dans ma chambre d'enfant. Je voyais la tapisserie, je sentais le couvre-lit rose entre mes doigts. Je sentais l'après-rasage de John Wood et je voyais les gouttes de sueur qui dégoulinaient de son front. Toutes ces scènes étaient d'une véracité glaçante. Je reconnaissais ma vieille chemise de nuit rose. Je voyais aussi mon chapelet, gentiment posé sur la table de chevet. Les posters sur les murs : Abba, Blondie, The Police. C'était comme une vidéo qui se rembobinait et redémarrait contre ma volonté. Aucun détail, si horrible ou banal soit-il, ne manquait. Les souffrances. Le désespoir. J'avais beau essayer de mettre sur pause... impossible. Un soir, après un autre cauchemar, je me suis réveillée en pleurant et en hurlant. Josie m'a dit qu'elle avait essayé de me parler mais que j'avais une autre voix, une voix de petite fille, et les manières d'une enfant.

— C'était absolument incroyable. Je te parlais mais tu n'étais pas toi. Tu étais une petite fille. Je n'ai jamais vu un truc pareil.

— Je suis désolée, sincèrement.

Je n'en avais aucun souvenir, mais je voyais bien qu'elle était ébranlée. Plus tard, un psy m'apprendrait que ce comportement était un symptôme de la personnalité limite, et que ça avait été ma façon de gérer. De survivre. Par fragments, j'essayais de me confier à Josie. Mais c'était pratiquement impossible.

— Ce n'est pas quelque chose dont je parle. Oublie. C'est ce que je vais faire aussi.

J'avais envie de me livrer, mais je la repoussais. Tous mes souvenirs se concentraient sur John Wood, au départ. Mais un soir, mon cauchemar m'a ramenée à la fournaise de cette journée de l'été 1979, et, dans la salle de bains, j'ai entendu la porte s'ouvrir dans mon dos. Jock s'est approché, il a mis sa main dans ma culotte. Je le voyais très bien : le tee-shirt blanc, le jean moulant, les grosses godasses noires. Le lendemain soir, j'ai été projetée à Black Bank avec une précision dans le détail qui m'a suffoquée. Je sentais l'herbe sous mes jambes, le soleil à travers les bruyères, la douleur et la révulsion tandis que Jock me violait. Je me suis réveillée en pleurs.

— S'il te plaît, non. Arrête.

Je ne savais même pas si je parlais des cauchemars ou des viols. Tout se brouillait. Soir après soir, j'étais bombardée d'images. Au point que j'ai fini par avoir peur de me mettre au lit. Pourtant, je devais remplir mon rôle de mère. Michaela avait six ans et je ne voulais pas que mes traumatismes gâchent son enfance. Surtout, je ne voulais pas que mes enfants souffrent. J'étais persuadée qu'ils étaient la principale raison pour laquelle mon inconscient avait tout enfoui. Que ces souvenirs leur fassent du mal en remontant à la surface, ça aurait été trop cruel.

— Il faut que ça cesse.

J'essayais de chasser ces cauchemars. Je me disais que peut-être je pouvais les empêcher de revenir par ma seule volonté. J'avais toujours su qu'il y avait un coffre à secrets au fond de mon esprit, mais je ne pouvais pas admettre ce qu'il recelait. Tous les soirs, avant de me coucher, je me faisais un sermon, comme si j'étais le curé de mon propre cerveau. Mais il n'y avait rien à faire.

J'étais épuisée, perdue. De plus en plus sur les nerfs. J'avais l'impression de perdre la tête. Et surtout, j'avais de plus en plus de mal à ne pas voir que ce n'étaient pas des cauchemars, mais des souvenirs. Ils revenaient faire exploser ma réalité, que je le veuille ou non. Le verrou avait sauté. Le coffre était trop plein, le couvercle sautait. Je devais m'avouer sans l'ombre d'un doute que John Wood et Jock m'avaient violé tout au long de mon enfance. Ce n'était pas un choc. Ce n'était pas une révélation. Mais c'était une réalité que j'aurais préféré ignorer. Je n'avais jamais laissé mes enfants rester seuls avec mes parents, mais je n'avais jamais voulu savoir pourquoi. La question ne se posait pas.

Naomi atteignait la puberté et j'ai soudain pris conscience qu'elle était jeune et vulnérable. Ces images de John Wood et de Jock me tourmentaient, mais je n'allais pas plus loin. Les mots ne me venaient pas pour en parler à voix haute. Ces souvenirs étaient comme des rats rongeant la cage de mon esprit, cherchant à s'évader. Et moi, je refermais la grille pour mieux oublier. En tant que mère, j'avais confiance en moi, j'étais certaine que mes enfants ne souffriraient jamais ce que j'avais souffert. Je savais que les gens qui ont souffert de maltraitances ont souvent des difficultés à aimer et qu'il arrive à certains de maltraiter à leur tour leurs enfants. Mais j'étais sûre que ça ne m'arriverait pas. Je pouvais rompre le cycle, ce n'était pas un problème.

Pour moi, ça s'arrêtait là. Mais désormais, avec ces cauchemars qui m'assaillaient, ça recommençait. Ma mère ne figurait pas du tout dans mes rêves et mes souvenirs. Les cauchemars, me disais-je, étaient une forme de sabotage de ma vie actuelle. Comme si, au fond, je ne méritais pas le bonheur. J'avais trouvé la paix et la joie avec Josie et les enfants, ma vie était équilibrée. Mais pour quelqu'un comme moi, ce n'était pas possible.

—Mets-la dans le caniveau, là où est sa place.

Cette phrase dominait mes pensées. C'était ma satisfaction, ironiquement, qui avait déclenché la vague des souvenirs. Je payais pour avoir osé profiter de la vie. Pour avoir voulu continuer à vivre malgré tout. Pour avoir continué vaille que vaille à sourire dans l'adversité.

12

Quand les cauchemars ont commencé, j'étais en termes amicaux avec John Wood et ma mère. Le week-end, j'allais régulièrement les voir avec les enfants. Même si nos conversations étaient toujours très superficielles, j'ai commencé à trouver ces échanges très simples insupportables. Je n'arrivais pas à croiser le regard de John Wood, le simple fait d'être dans sa maison me mettait mal à l'aise. Pourtant, je n'osais pas rompre notre routine. J'avais peur que ma mère pose des questions. J'étais dans un tel état que je n'arrivais même pas à trouver d'excuse pour ne pas me rendre chez eux.

Bien entendu, ils ne remarquaient pas que j'étais pâle et taiseuse, préoccupée. Ou, en tout cas, ils ne m'ont pas demandé ce qui n'allait pas. John Wood n'était pas très démonstratif de toute façon, en général il restait dans le salon à regarder la télé pendant que j'allais dans le jardin avec les enfants et ma mère. Il n'avait jamais été très communicatif, mais je me suis aperçue, à mesure que les cauchemars s'intensifiaient, qu'il mettait encore plus de distance entre nous. Un jour où j'étais en visite, il n'a même pas pris la peine de sortir de la maison pour me dire bonjour. Il n'a pas dit un mot aux enfants ni à moi.

— Qu'est-ce qui lui arrive ? a demandé ma mère.

Et puis elle a haussé les épaules. En réalité, elle s'en fichait. Moi, je me demandais s'il avait repéré un changement en moi. Peut-être mon trouble l'avait-il atteint, d'une manière ou d'une autre ? Peut-être s'inquiétait-il que la vérité sorte, et avec elle son misérable petit tas de secrets ? Voyait-il venir la chute, avant même que j'en aie conscience ? Il était impossible de dire s'il se retirait pour se préserver ou parce qu'il avait mauvais caractère et qu'il n'aimait ni moi ni les enfants.

En février 2008, les cauchemars sont devenus si virulents et vivaces que j'étais en mesure de retracer des mois et des mois de scènes horribles. En journée, les détails me revenaient, et n'importe quelle broutille pouvait en faire remonter. Je lavais la vaisselle en fredonnant un air, et je revenais trente ans en arrière, quand je tremblais de peur.

— Je vais bien, tout va bien, disais-je aux enfants.

Je me maudissais tandis que les enfants battaient en retraite, interloqués. Je les repoussais, eux que j'aimais plus que tout au monde. Les flash-back étaient pires encore quand j'allais chez mes parents. Il suffisait parfois que John Wood grogne pour qu'une image réapparaisse, et alors je le voyais me violer en me grognant à l'oreille. Il fallait que j'arrête de les voir. J'avais peur de passer à l'acte bien sûr, à cause de la réaction de ma mère, mais je savais que pour mon propre bien je devais me tenir à l'écart. Je lui ai écrit en expliquant vaguement que j'avais des choses à régler et que je ne me sentais pas bien.

« Je te dirai quand j'irai mieux. Ne t'inquiète pas pour moi. »

J'aurais dû me douter qu'elle n'en resterait pas là. Elle n'était pas du genre à obéir à des ordres ni même à respecter des demandes poliment formulées. Peu après, elle s'est présentée chez moi et a insisté pour que je lui fournisse une explication. J'ai répondu que j'étais malade. Ce qui était plus ou moins vrai, bien sûr. Le stress était usant.

—Je te contacterai quand je me sentirai mieux. J'ai besoin de temps pour moi. Je ne peux pas te rendre visite pour le moment. Désolée.

Elle m'a longuement dévisagée avant de repartir. Peut-être y avait-il une pointe de peur, ou d'incertitude, dans son regard. Mais j'étais trop prise par mon angoisse pour le remarquer. Je ne supportais personne près de moi, même pas Josie. Notre relation s'étiolait peu à peu. Je ne lui en voulais pas ; c'était moi qui avais une attitude bizarre.

—Tu as besoin de te faire aider, me disait-elle. Je ne sais pas ce qui se passe, mais tu n'arrives pas à y faire face toute seule.

Nous sommes restées amies, et elle a fait de son mieux pour me soutenir. Elle m'a persuadée d'aller chez le médecin, qui m'a prescrit des antidépresseurs sans m'interroger sur l'origine de ma terreur. Je suis sortie désespérée du cabinet. Je savais que des cachets ne m'aideraient pas. J'avais déjà essayé, après avoir perdu Christopher, et ils ne m'avaient fait aucun bien. Au fond de moi, mon secret envahissait tout, telle une tumeur s'étendant d'organe en organe. La pression était immense. N'ayant pas d'exutoire, j'ai commencé à me faire du mal. Seule dans ma chambre, le soir, j'ai commencé à m'entailler les jambes, en haut des cuisses pour que les enfants ne puissent rien voir. Le soulagement était temporaire, la honte et la culpabilité, cuisantes. Je faisais toujours plus de cauchemars ; j'ai fini par me souvenir des funérailles de Christopher, quand ma mère m'avait frappée sur mon lit.

— Qui est le père ? Lequel des deux ? Hein ?

Ainsi elle savait, me suis-je dit au réveil. Bien sûr qu'elle savait. Là encore, ce n'était pas un choc, mais j'avais évité cette pensée si longtemps… Et voilà qu'elle me rattrapait en même temps que je reconstituais le puzzle de mon enfance. Rassemblant tout mon courage, je lui ai écrit une deuxième lettre. Cette fois, je lui ai dit que son mari m'avait violé et qu'elle le savait.

« Tu te souviens de l'enterrement, ai-je écrit. Moi, je me souviens de tout. »

Cela ne me ressemblait pas du tout d'y aller frontalement avec elle. Mais j'avais l'impression de perdre la boule, d'être au bord du précipice. Je ne pouvais pas m'avouer tout ce que je savais, c'était trop terrifiant. Mais je voyais que je ne pouvais plus faire machine arrière. Après avoir posté la lettre, j'ai à moitié espéré qu'elle réplique. J'avais envie d'une confrontation. J'aurais voulu voir sa tête. Je voulais des réponses, des explications. Mais j'étais aussi pétrifiée, et je regrettais mon audace. J'espérais qu'elle lise ma lettre autant que je le craignais.

Bien entendu, elle n'a pas répondu. Les jours ont passé sans que je reçoive de courrier. Son silence me semblait méprisant. Comme si je ne méritais pas de réponse. N'ayant aucun moyen de me décharger de mon angoisse, je m'en suis prise à mon entourage, je me disputais avec les voisins, j'aboyais sur les enfants. Je détestais cette part de moi ; elle me rappelait mon horrible mère. Je ne supportais pas l'idée de lui ressembler, même un peu. Le simple fait de me comparer à elle m'abaissait moralement.

Un jour de juin 2008, alors que les enfants étaient à l'école, j'ai touché le fond. Frénétique, j'ai fouillé tous les tiroirs de la maison à la recherche de cachets. J'ai avalé une poignée d'antalgiques, d'antidépresseurs et de médicaments contre la tension artérielle, en croyant à chaque fois me rapprocher de la paix intérieure. Je n'avais rien prévu, rien rationalisé, je me disais juste que mes enfants se porteraient mieux sans moi. J'étais trop handicapée comme mère, irrécupérable. J'ai tout avalé, puis j'ai appelé ma mère. Elle n'a pas décroché, et dans ma torpeur j'ai pensé que c'était bien, comme un ultime coup de pied en pleine figure. Alors, d'une voix brouillée par les cachets, je lui ai laissé un message : « Tu ne m'as pas protégée, et je ne veux plus continuer, ai-je ânonné. Tu m'as trahie. »

Ensuite, je suis sortie de la maison et, d'un pas titubant, sans l'avoir décidé, je me suis retrouvée au cimetière. Je me suis effondrée par terre, sous un arbre, et j'ai sombré dans l'inconscience jusqu'à ce que la voix inquiète de Josie me réveille :

— Maureen ! Maureen ! Dieu merci, elle est ici, elle respire…

Apparemment, ma mère avait eu mon message, mais au lieu de venir me chercher elle-même, elle avait appelé mes enfants pour leur dire que j'allais faire une overdose. Et eux avaient contacté Josie. Cet épisode était déprimant en soi : elle avait mis sur le dos de mes enfants, ses petits-enfants, le poids et la responsabilité de la situation. Mais j'ai pris conscience que je ne me souciais pas plus de mes enfants qu'elle ne s'était souciée de moi.

Les pauvres avaient dû être paniqués. Et la culpabilité m'a submergée quand je m'en suis rendu compte. Josie m'a emmenée à l'hôpital et, après un lavage d'estomac, je suis ressortie le lendemain. Mais je ne me sentais pas mieux. Ce qui m'effrayait le plus était la possibilité de perdre mes enfants à cause de mon comportement erratique. On pouvait me les prendre ; après tout, j'étais une mère célibataire secouée par de graves désordres mentaux. J'étais traitée pour dépression et je venais d'essayer de me tuer. Je savais très bien que les services sociaux ne me laisseraient pas de seconde chance. Si je ne réagissais pas vite, j'allais le regretter. La même semaine, j'ai appelé Mary en lui demandant de reprendre les séances.

— Je ne peux pas continuer comme ça. Il faut que j'avance. Je vais perdre mes enfants si je ne reprends pas le contrôle.

Mary a accepté immédiatement, comme si elle avait su qu'un jour, inévitablement, la vérité finirait par sortir. Comme elle était mon amie, Mary ne pouvait pas me suivre sur un plan professionnel. Mais elle m'a envoyée voir Louise, une psychologue du Sexual Abuse and Incest Victims Emerge.

— C'est un tournant, m'a prévenue Mary. Ça ne peut que s'arranger maintenant.

Ma première séance avec Louise a eu lieu le 22 juillet 2008. Il faisait beau ce jour-là. J'étais extrêmement nerveuse en montant dans le bus, je me demandais comment je pourrais me confier à une inconnue. Je faisais confiance à Mary, mais je savais qu'il serait dur de m'ouvrir devant quelqu'un que je ne connaissais pas. Louise était petite et blonde, et quand elle est venue m'accueillir, j'ai instantanément été à l'aise avec elle.

Ce premier rendez-vous n'a eu aucun rapport avec celui que j'avais eu avec Mary, à l'époque où j'étais une ado rebelle. Cette fois, je me suis assise et j'ai expliqué à Louise tous mes souvenirs du traitement horrible que m'avaient infligé Jock et John Wood. C'était comme déballer un sac de nœuds, compliqué au début, et puis je me suis mise à parler de plus en plus vite. Et je me sentais de plus en plus légère à mesure que je me déchargeais de ce fardeau.

— Je veux que ça s'arrête. Je suis prête à tout pour que ça s'arrête.

Toutes les digues avaient sauté, ça débordait de partout. À la fin de la séance, Louise m'a regardée et m'a dit :

— Alors, qu'est-ce que tu veux faire de tout cela ?

J'ai moi-même été stupéfaite de ma réponse :

— Je crois que je devrais aller voir la police.

Louise a posé une main sur mon genou.

— Je vais t'arranger cela. Je parlerai à la police et je te tiendrai au courant.

J'avais une confiance totale en elle. Mais toute la semaine suivante, j'ai été sur les nerfs. Ce revirement dans mon approche des faits me laissait abasourdie. Je n'avais jamais envisagé d'aller voir la police : pourquoi en avoir parlé ? C'était sorti de nulle part. Le mardi suivant, Louise m'a donné un numéro, une date et une heure.

— La police attend ton appel, m'a-t-elle dit.

J'ai fixé le bout de papier qui me rapprochait de la possibilité de la justice avec une sorte d'hébétude. Au loin, à l'horizon de mon esprit troublé, le tournant dont avait parlé Mary prenait peu à peu consistance. Je suis rentrée à la maison, puis, le cœur lourd, j'ai parlé à Ben, qui avait dix-neuf ans, et à Naomi, qui en avait quatorze. Les autres enfants étaient trop jeunes, mais je devais mettre les deux aînés au courant. J'avais espéré éviter cette conversation, mais je me rendais compte maintenant que c'était naïf. Je ne pouvais pas espérer enterrer à jamais ces horreurs. J'avais voulu les préserver, leur épargner l'atrocité mais aussi les contrecoups. Mais cela me paraissait désormais aussi peu réaliste que mon projet de fuite à Londres avec mon nouveau-né quand j'avais quatorze ans. Et quand il a fallu en parler, j'ai été sans équivoque.

— J'ai été violée par votre grand-père et votre oncle Jock. Si je vais voir la police, il pourrait y avoir un procès, ce qui sera stressant. Je voulais vous demander votre opinion. Si vous ne voulez pas, tant pis. J'accepterai votre décision quelle qu'elle soit.

Bien sûr, cela a été un choc énorme pour eux. Comme tous les enfants, ils adoraient leurs grands-parents et leur famille au sens large. Mais ils sentaient que quelque chose n'allait pas ; ils m'avaient entendue crier en pleine nuit, ils étaient au courant pour l'overdose. Ils savaient que je me battais contre un ennemi inconnu ; et maintenant, il avait un nom.

— Fais ce que tu dois faire, maman, m'ont-ils dit immédiatement. On te soutiendra dans tous les cas.

Je les ai pis dans mes bras et j'ai pleuré de gratitude. Si le destin ne m'avait pas accordé une enfance sereine, il m'avait offert des enfants merveilleux. En dépit du stress et du malheur qui m'environnaient, ils demeuraient ma priorité. Aux plus jeunes, je me suis contentée d'expliquer que papi m'avait fait du mal quand j'étais petite et qu'il avait fait de vilaines choses, et qu'en conséquence nous ne le verrions plus.

— Maman vous aime, leur ai-je dit. Et c'est tout ce qu'il faut savoir.

Début août, j'ai parlé au téléphone à la police. Mes mains tremblaient tellement que j'avais du mal à ne pas lâcher le combiné. Ils m'ont organisé un interrogatoire filmé le lendemain. C'était une perspective intimidante, mais Louise m'a promis de m'accompagner.

— Tu n'es pas toute seule, m'a-t-elle rappelé.

Une voiture banalisée de la police est venue me chercher à la maison en fin de matinée. Je me suis assise à l'arrière avec Louise, qui me tenait la main pour me calmer. Quand nous sommes arrivées dans la salle d'interrogatoire, on m'a présenté une policière qui s'appelait Marie. Dans la pièce, il y avait un canapé, des chaises et une fenêtre qui donnait sur une cour d'école. Tout en regardant des enfants en pleine récréation, j'ai raconté ce qui m'était arrivé. Il y avait quelque chose de poignant dans cette scène. Cela me permettait de me rappeler que je ne le faisais pas que pour moi, mais aussi pour mes enfants, et pour tous les autres enfants. En entendant les écoliers rire et jouer, j'ai parlé à Marie de Christopher, de sa courte mais belle vie. Je lui ai dit qu'il devait être le fils de Jock, parce que John Wood avait eu une vasectomie.

— Mon beau-père était certain que son opération avait été un succès. Et comme ils n'ont jamais eu d'enfant, lui et ma mère, j'ai tendance à le croire. Et puis, en plus, quand Jock tenait Christopher dans ses bras, je sais que ça a l'air idiot, mais il y avait un lien évident entre eux. Je suis certaine que Jock était son père.

Je lui ai parlé des viols de John Wood après la mort de Christopher ; des viols de punition, parce que j'étais coupable de son décès. Des viols barbares quand maman était en Écosse. Et puis des viols de routine, aussi prévisibles et attendus que les devoirs à la maison. C'était la vérité sans fard, crue. J'ai tout dit. L'entretien a duré quatre heures, et j'étais à deux doigts de m'effondrer à mon retour à la maison.

À trente-sept ans, j'avais enfin trouvé le courage de me libérer du secret qui menaçait de m'engloutir depuis vingt-neuf ans. Pourtant, je n'avais pas l'impression d'être soulagée d'un poids. Je ressentais une certaine libération, mais pas de soulagement. Je restais effrayée, comme si j'étais prise dans les phares d'un véhicule. J'avais *encore* l'impression que tout était ma faute. Et l'idée que ma famille découvre ce que j'avais fait m'était insupportable.

Aussi absurde que ça paraisse, j'avais l'impression d'être une moucharde, une balance. On ne m'avait pas élevée dans l'idée qu'on faisait des histoires, or là je braquais la lumière sur ma propre famille. Personne ne me le disait, évidemment, mais la pensée me rongeait l'esprit. C'était irrationnel mais bien présent. La honte ne me quittait pas. Je n'étais allée à la police qu'en dernier ressort, parce que j'avais le sentiment de ne plus pouvoir vivre ainsi. Soit je parlais, soit je mourais. Le choix était simple. Mais en attendant que Marie me recontacte, les semaines suivantes me firent l'effet d'un interminable purgatoire. Et lorsqu'elle m'a appelée, j'ai été amèrement déçue.

— La police n'ouvre pas de dossier, m'a-t-elle dit. C'était il y a trop longtemps et il n'y a presque pas de preuves. On a parlé à ton beau-père et à ton frère, et ils nient tout en bloc.

Même si je m'y étais attendue, l'effet a été dévastateur. Plus tard le même jour, Marie est venue chez moi.

— Ça n'a jamais été fait, me dit-elle. Mais on aimerait exhumer la dépouille de Christopher. On pourrait tester son ADN pour voir s'il correspond à celui de Jock ou de John Wood.

J'en avais le souffle coupé. Pas une seule seconde je ne m'étais imaginé que l'existence de Christopher pourrait apporter une preuve indubitable en ma faveur. Qu'il serait le témoin star de cette sordide affaire. Il m'avait déjà sauvée en venant au monde. Pouvait-il encore me sauver de là où il était ? Marie m'a avertie que toutes les demandes dans le même sens avaient été refusées jusque-là, et que la demande devrait être présentée à Theresa May, la secrétaire d'État à l'Intérieur.

— Est-ce que tu es d'accord ?

— Je ne sais pas, ai-je marmonné. Ça me dérange.

Je détestais l'idée qu'on trouble le sommeil de mon petit ange. J'étais en colère et indignée qu'on l'entraîne là-dedans. Mais j'avais conscience qu'il faisait partie de toute cette histoire. Il était à son centre. John Wood et Jock comptaient tous les deux sur ma bienséance. Je devais trouver la force de leur tenir tête. Il était trop tard pour aider Christopher, mais je savais que lui pouvait aider ses frères et sœurs depuis sa tombe.

— *Vas-y, maman, fais-le*, me susurrait une petite voix. *Je veux t'aider. Je m'en fiche de l'exhumation. Rien ne peut me faire de mal, pense à toi d'abord.*

C'était lui, je le savais. Mon petit garçon adoré me murmurait à l'oreille.

— Allons-y, ai-je dit à Marie.

La demande a été faite début mars. Ensuite, je n'ai plus été capable de me concentrer sur rien. Marie m'avait prévenue que ça pourrait prendre des mois avant d'avoir une réponse, donc je devais prendre sur moi et continuer à vivre. Ben travaillait maintenant chez Alton Towers. Naomi terminait son lycée. Les plus jeunes se plaignaient de leurs devoirs, se disputaient le dernier biscuit dans le placard et ronchonnaient quand je les envoyais au lit. En surface, la vie était normale. Mais par-dessous, je vivais dans une tension qui allait finir par me broyer.

13

Le 1ᵉʳ juin 2009, Marie m'a appelée. J'ai retenu mon souffle, enfin j'allais avoir le résultat de la demande.

— Bonne nouvelle ! On a le feu vert. On va pouvoir avancer.

Elle m'a expliqué qu'on allait encore attendre la paperasse, ce qui prendrait plusieurs semaines.

— Merci. Merci beaucoup pour ton aide.

Mais en raccrochant, je me sentais vide. Et mal à l'aise. Je commençais à ne plus être si motivée de voir un procès se tenir. Je voulais qu'on laisse mon bébé tranquille, en paix. C'était plus important, non ? Je me débattais avec cette décision, oscillant entre ce qui était le mieux pour Christopher et ce qui était le mieux pour mes autres enfants. En tant que mère, je n'allais pas assez bien pour m'occuper correctement d'eux. Et peut-être qu'un procès, l'espoir qu'on me rende justice, me débarrasserait de mes démons. Peut-être que l'exhumation de Christopher était essentielle pour recouvrer un peu de ma santé mentale. Oui, peut-être que mon premier-né avait les réponses. Mais pourquoi devait-il souffrir ? Il avait déjà tellement souffert durant sa courte vie. Je ne voulais pas lui faire vivre ça. Toutes ces pensées tournaient en boucle dans ma tête. Pour finir, je suis allée sur sa tombe et j'ai passé des heures assise là à lui parler.

—J'ai l'impression que si je recule maintenant, je le regretterai toujours. Je veux la justice. Pour moi, pour tes frères et sœurs. Et pour toi aussi. Est-ce que tu me pardonneras, petit ange, si j'accepte l'exhumation ?

J'ai pleuré et pleuré encore, la tête entre les mains, en le suppliant de me répondre, de m'envoyer un signe. Et au bout de trois longues heures, un sentiment de paix et de tranquillité m'a enveloppée. J'avais la certitude que c'était la chose à faire. Assise dans l'herbe, sous les arbres, alors que le soleil rougeoyait à l'horizon, j'ai su que Christopher était à mes côtés.

—*Je te pardonne*, me disait-il. *Fais-le, avec tout mon amour.*

Ce moment près de sa tombe était irréel, presque divin. Jamais, de toute ma vie, je ne l'oublierai.

* * *

Plus tard le même mois, toujours torturée par mes cauchemars, j'ai vu ma mère entrer dans le cadre. Et pendant que John Wood me violait, elle se penchait sur le lit et commençait à participer. Je lisais le plaisir atroce qui se peignait sur son visage. Je sentais son parfum. Je sentais la douleur de ses ongles qui s'enfonçaient dans ma chair.

—Non. Je t'en supplie, non.

C'était tellement vivace, tellement intense, que je me suis réveillée en pleurs, perdue et épuisée. J'étais trempée de sueur ; les draps auraient aussi bien pu sortir de la machine à laver. J'ai pris ma tête à deux mains et j'ai hurlé tandis que les souvenirs affluaient, image par image, toujours plus épouvantables.

— Non, pitié, implorais-je. C'est insupportable.

Un autre soir, j'ai revu une scène de sexe oral où elle s'affairait entre mes cuisses. Au réveil, secouée de haut-le-cœur, j'avais le souffle coupé et le cœur qui cognait comme un tambour dans ma poitrine.

— Pas ma mère. Non, pas elle aussi.

Un soir, alors que j'étais piégée en plein viol sous John Wood, j'ai senti une gifle sur ma joue, puis ma mère m'a susurré d'un ton venimeux :

— Ça t'apprendra à y prendre plaisir.

Je me suis réveillée en sursaut, la joue en feu. Qu'est-ce qui s'était passé ? Et qu'avais-je fait pour qu'elle soit aussi méchante avec moi ? Les mères sont censées élever, protéger et chérir. La mienne était l'antithèse de tout ce qui est pur et bon.

Mon subconscient avait ouvert les vannes et jetait des brassées de souvenirs acides sur mon cerveau en fusion. C'était tellement répugnant qu'une partie de moi essayait de repousser tout cela et de faire comme si ma mère avait été aimante. Mais au fond, je savais et j'avais toujours su. Entre le besoin de le crier sur tous les toits et l'envie de n'en jamais parler à personne, le dilemme était insoluble.

Pour essayer de tirer les choses au clair, j'ai tout couché sur papier dans une longue lettre adressée à ma mère. Je savais que je ne l'enverrais jamais, mais j'espérais m'alléger d'une partie du fardeau. Mais écrire n'aidait pas. Pas vraiment. Je devais être courageuse. Soudain,

Christopher m'a parlé, d'une voix aussi claire que s'il avait été assis au bord du lit.

— *Tu dois dire la vérité, toute la vérité*, disait-il. *Fais-le pour moi, fais-le pour tous tes enfants. Tu ne peux plus vivre dans le mensonge. C'est maintenant ou jamais, maman.*

Je savais que le secret me tuerait si je ne m'en défaisais pas. Alors, le cœur battant, j'ai appelé Marie pour lui demander si je pouvais modifier mon témoignage.

— Il y a quelque chose que j'ai oublié. C'est important.

J'ai également appelé Louise, et elle a senti à ma voix que j'avais quelque chose d'énorme à lui dire. Elle est venue tout de suite à la maison. Je brûlais de tout lui raconter. Mais quand elle est arrivée, les mots sont restés coincés dans ma gorge. L'idée d'exprimer à voix haute l'ampleur de ce que ma mère – ma propre mère – avait fait me dégoûtait au-delà du dicible. Je ne pouvais m'empêcher de penser que cela rejaillissait forcément sur moi, comme si d'une certaine façon elle m'avait contaminée de son poison.

— Qu'y a-t-il ? me demandait doucement Louise.

Sans prononcer un mot, je lui ai tendu la lettre. Elle a blêmi en la lisant.

— Je suis tellement désolée, Maureen, a-t-elle dit. Je comprends pourquoi tu as enfoui tout ça, tu sais, je comprends.

J'ai baissé la tête.

— Quand maman abusait de moi, je quittais la chambre dans ma tête, ai-je marmonné. Je flottais comme un nuage. Je crois que ces souvenirs sont enterrés encore plus profondément que les autres. Petite, je ne voulais pas assister à ça, alors je m'évadais mentalement. Parfois, j'allais lire un livre à l'autre bout de la chambre. D'autres fois, je descendais au rez-de-chaussée, loin de ce qui m'arrivait.

Louise m'a expliqué que c'était une forme de dissociation, que ça avait été ma façon de survivre. Quelques jours plus tard, j'ai fait une nouvelle déclaration à la police, dans la même petite pièce donnant sur la cour de l'école. Je regardais les enfants jouer en me disant que leurs mamans n'allaient pas tarder à venir les chercher pour les ramener à la maison. Que les mamans veillaient sur leurs petits. Qu'elles les aimaient et qu'elles les défendaient envers et contre tout, même parfois quand les papas ne les soutiennent pas. Mais pas la mienne. Non, pas la mienne. Le fait que c'était ma mère, ma propre mère, ne faisait que rajouter à l'épouvante.

—*Tu vas y arriver*, me susurrait Christopher. *Raconte tout.*

Il m'a fallu deux heures, dans cette petite pièce, pour me purger de toutes ces horreurs.

— Je me souviens de ses ongles longs qui fouillaient en moi. Je me souviens que ça l'excitait quand John Wood me violait.

J'aurais tellement souhaité que ce soit faux. Quand j'ai eu terminé, les policiers m'ont dit qu'ils soupçonnaient l'implication de ma mère depuis le départ. Ils attendaient de voir si j'allais me confier à eux.

— Après notre premier interrogatoire de John Wood, votre mère l'attendait devant la porte avec une tête de six pieds de long, m'ont-ils dit. Elle savait parfaitement bien de quoi il s'agissait. Et elle savait ce qui l'attendait.

Ma mère a été arrêtée le lendemain. Comme prévu, elle a tout nié. Elle a déclaré à la police que j'étais folle et que j'avais besoin de soins psychiatriques. Le dossier a été envoyé au procureur, où il est resté en attente de l'exhumation de Christopher. Tout reposait sur le test. Il y avait eu des moments, par le passé, où j'avais essayé de me faire croire qu'elle regrettait, qu'elle voulait s'amender. Quand mes enfants étaient petits, je me mentais en croyant qu'elle voulait se racheter à travers eux. J'avais cru qu'elle avait des remords. Mais là, elle avait l'occasion de dire la vérité, de s'excuser. Elle a choisi de me cracher au visage.

Une fois les papiers en ordre, début juillet 2009, il y a eu une série de tests environnementaux autour de la tombe, pour déterminer la qualité du sol et de l'air. Sur le plan légal, la situation était complexe ; nous devions nous assurer qu'il n'y avait pas eu de contamination. Au milieu du mois, Marie m'a prélevé mon ADN à la maison. Puis on m'a informée que l'exhumation aurait lieu le 28 juillet.

— Ne mets pas trop d'espoir là-dedans, m'a prévenue Marie. Les échantillons d'ADN de Christopher ne seront peut-être pas utilisables. On ne pourra pas forcément en tirer de conclusion. Il est mort il y a vingt-cinq ans. Ça fait longtemps, et il se peut qu'on n'en tire rien.

J'ai hoché la tête. Je comprenais. Mais après l'expérience que j'avais vécue près de la tombe, j'avais la certitude que tout se passerait bien. Je savais qu'il n'y aurait aucun problème, en tout cas pas venant de Christopher. Il ne me laisserait pas tomber. Je savais que je pouvais compter sur lui. J'ai assisté à une réunion censée régler les détails pratiques de l'exhumation et, pour la première fois, j'ai eu le vertige à l'idée que ça allait vraiment se produire.

— Je veux être là quand mon fils sera exhumé, s'il vous plaît.

La représentante du ministère de l'Intérieur qui supervisait le processus a secoué la tête d'un air alarmé.

— Ce n'est pas normal que les parents soient présents lors d'une exhumation, a-t-elle répondu.

— Mais rien n'est normal dans cette affaire, ai-je rétorqué. Il faut que je sois là, un point c'est tout.

C'était mon bébé, mon fils, je ne pouvais pas le laisser seul à cet instant. C'était le moins que je puisse faire. Louise a proposé de m'accompagner pour me soutenir, ce que j'ai accepté avec gratitude. J'étais tellement angoissée que toute aide était bienvenue. La veille de l'exhumation, je n'ai pas fermé l'œil de la nuit. Entre les doutes et l'appréhension, je sanglotais, la tête enfoncée dans mon oreiller, en demandant à Christopher de me pardonner.

Il faisait déjà beau le lendemain quand Louise est venue me chercher, à cinq heures quarante-cinq du matin. J'étais prête et je faisais les cent pas dans le salon, dans un état de tension à peine croyable. Je n'ai pas dit un mot du trajet, et elle non plus ; il nous semblait plus respectueux de rouler en silence. Et puis, quand nous nous sommes garées, j'ai vu les projecteurs et la grande tente blanche montée autour de la tombe de mon fils. Nous avions reçu ordre de ne pas entrer dans le cimetière. Mais il était hors de question de rester à l'écart. C'était mon fils.

Nous devions nous garer de l'autre côté de la rue afin de ne pas attirer l'attention sur le cimetière. Mais j'avais une bonne vue de là et j'ai regardé par une brèche dans le mur, à la fois subjuguée et terrifiée, tandis qu'ils commençaient à creuser. Les experts médico-légaux en combinaison blanche attendaient, tels des porteurs de cercueil venus de Mars, que Christopher, mon bébé, revienne à la surface. Et soudain, il était là, ce minuscule cercueil qu'on aurait pu prendre pour un jouet.

— Maman est désolée, j'ai murmuré. Je suis désolée, Christopher.

Pendant qu'on mettait son cercueil dans un van gris, je me suis souvenue de l'innocence de ses grands yeux bleus, je sentais l'odeur de sa peau, ses petits doigts délicats enroulés autour de mon pouce. Et j'ai été submergée par un raz-de-marée de désespoir. Mon pauvre cœur meurtri aurait tout donné pour le revoir. Le van est parti avec sa précieuse cargaison. Il emportait mes espoirs, mon cœur en miettes et la promesse d'une paix lointaine.

Christopher m'avait sauvée une fois, et voilà que vingt-cinq ans plus tard, je lui demandais encore de me sauver. Mon ange gardien était revenu d'entre les morts pour que justice soit faite.

Les larmes coulaient sur mes joues quand Louise et moi sommes remontées en voiture. Quand le van de Christopher est passé devant nous, le chauffeur a ralenti et nous a fait un signe de tête.

— Prenez soin de mon fils, lui ai-je demandé. Il était tout pour moi.

Nous avons suivi le van sur la A34 et j'ai été réconfortée de voir qu'ils roulaient lentement, par respect. Le van a tourné en direction de la morgue, et nous avons continué notre sombre voyage sur la rocade. Louise m'a ramenée à la maison et m'a serrée dans ses bras avant de me laisser descendre de voiture. Nous n'avions pratiquement pas échangé un mot. J'avais envie de la remercier d'avoir été là pour moi, mais j'étais incapable de prononcer les mots. Je n'arrivais pas à dépasser ce que je venais de voir. J'avais été tellement près de mon fils, plus près que je n'aurais osé le croire possible. Et pourtant, il était resté hors de portée.

Je suis rentrée dans la maison et suis allée tout droit dans ma chambre. À cet instant, je me consumais de haine pour mes parents et pour Jock, à cause de ce qu'ils faisaient subir à Christopher. Tout ça n'était pas inévitable, il aurait suffi qu'ils disent la vérité. Ils étaient lâches, égocentriques, incapables même de se sacrifier pour ce bébé qu'ils disaient pourtant avoir tant aimé. Je me détestais aussi d'avoir accepté l'exhumation. Quelle mère pouvait laisser la tombe de son fils être profanée de cette façon ? Vautrée sur mon lit, je me demandais ce qui arrivait à mon bébé aux beaux yeux bleus et aux cheveux clairs.

Quelques jours plus tard, Marie m'a donné une plaque qui venait du cercueil de Christopher, en me disant de la garder. Il n'y avait que son nom, mais j'y ai d'emblée tenu comme à la prunelle de mes yeux. Je n'avais aucun souvenir de mon garçon, aucune photo, c'était plus précieux qu'un lingot d'or pour moi. Marie m'a dit qu'il avait été enterré plus profondément que d'habitude. À l'époque de ses funérailles, je m'en souvenais, il y avait des grèves dans tous les sens, y compris des fossoyeurs. Ce qui expliquait sans doute pourquoi la profondeur n'avait pas été respectée. Et cela s'avérait être une chance. Le sol de Stoke-on-Trent est réputé pour être argileux, d'où les nombreuses usines de poterie qui avaient dominé naguère l'économie de la ville. Et ce sol argileux avait eu pour conséquence que le corps de mon bébé avait été parfaitement préservé. Les chances d'obtenir un résultat fiable étaient très élevées.

— *Tu vois*, m'a dit une petite voix. *Je t'avais dit que tout irait bien, maman. Je t'avais dit !*

Quatre échantillons d'ADN avaient été prélevés, notamment dans ses fémurs, et on lui avait en outre prélevé des os des bras. C'était moi qui avais exigé d'avoir cette information. Mais l'apprendre m'a fait un choc. C'était atroce. J'imaginais une lame acérée charcutant le corps de mon petit garçon, lui arrachant les membres, et l'horreur me saisissait. Des larmes de colère me sont montées aux yeux. Tout ça était ma faute. John Wood. Jock. Ma mère. Ils préféraient que mon bébé se fasse découper en morceaux plutôt que d'admettre le mal qu'ils avaient fait. Cette trahison était encore une autre forme de maltraitance.

— *Ne les laisse pas t'atteindre*, me rappelait Christopher. *Ne les laisse pas te briser.*

En août, les résultats sont tombés. J'étais sur des charbons ardents toute la journée, attendant que le téléphone sonne. Quand la sonnerie a retenti, j'ai cru que j'allais faire un arrêt cardiaque.

— Ça correspond parfaitement, m'a annoncé Marie. Je n'arrive pas à y croire.

Il y avait une chance sur 1,5 million que Jock ne soit pas le père. C'était un bébé de la famille, avec des parents liés par le sang. Bien sûr, je le savais depuis toujours. C'était simplement la confirmation que je n'étais pas une menteuse ni une folle, comme ma famille le prétendait. Malgré mon soulagement, je n'ai pas célébré cette annonce. Je ne ressentais aucune joie. Je n'ai même pas esquissé un sourire. Ça m'aurait semblé profondément inapproprié. C'était une situation révoltante, destructrice. Mais je savais au moins que Christopher m'aidait et qu'il me donnerait la force d'aller au bout. Il avait fait sa part, je ferais la mienne. Ensemble, nous formions une équipe. Il était de mon côté, et ça me faisait du bien.

—*Je suis là, maman. Toujours.*

Je me suis souvenue comment, après sa mort, mes parents s'étaient disputés à propos des funérailles. Maman insistait pour un enterrement tandis que John Wood voulait une crémation. Moi, on ne m'avait pas consultée. Mais je me rappelais leurs disputes.

—Ce sera un enterrement au cimetière de l'église, point ! criait ma mère.

—Une crémation serait plus simple, arguait John Wood.

À l'époque, je n'avais pas fait attention. Mais aujourd'hui, je me demandais si John Wood n'avait pas senti que c'était l'occasion de cacher les preuves de leurs méfaits, une bonne fois pour toutes ? Peut-être s'inquiétait-il qu'un jour le corps de Christopher soit utilisé contre eux. Mais il était tout aussi probable que le choix de la crémation ait été pour lui une simple question de prix. Par chance, maman avait toujours le dernier mort, et elle l'avait fait enterrer. Cette décision allait provoquer sa chute. D'une manière ou d'une autre, la vérité allait la rattraper et la crucifier.

Ma priorité était maintenant de faire en sorte que Christopher soit réenterré en toute dignité. Et cette fois, je voulais tout organiser moi-même.

— Ce n'est pas la procédure du gouvernement, m'a dit la représentante du gouvernement quand je lui ai parlé de mes intentions.

— Je suis sa mère, ai-je insisté, et je m'occuperai de tout.

— Mais les parents ne sont pas présents pour le réenterrement. Pas plus que pour l'exhumation.

Je ne m'en suis pas laissé conter. Je comprenais bien que je donnais du fil à retordre aux autorités, mais rien n'y faisait. Quand j'étais ado, on m'avait ballottée dans tous les sens au moment des funérailles de mon fils. Il était hors de question que ça recommence. Je voulais faire le maximum. Je le lui devais. Je voulais qu'il repose dans la paix qu'il méritait.

— S'il vous plaît, laissez-le-moi. Il faut que ce soit moi.

J'ai choisi un petit cercueil dans l'entreprise de pompes funèbres que je voulais. J'ai choisi les fleurs, les prières. Je n'avais pas eu voix au chapitre quand j'étais jeune. Je ne lui avais même pas choisi une paire de chaussettes de son vivant, mais là je pouvais choisir son cercueil. Et tout payer moi-même. Les autorités m'avaient proposé de prendre la facture en charge, mais j'avais refusé. C'était trop important, pour Christopher et pour moi, que je sois responsable de tout.

Le jour de sa deuxième inhumation, en ce mois d'août, il pleuvait à verse, comme pour son premier enterrement. En fermant les yeux et en écoutant la pluie tomber contre les carreaux, je pouvais presque me croire revenue en arrière, dans la maison de mes parents, à attendre le cercueil dans un état de délabrement moral absolu. J'entendais John Wood et Jock se disputer pour savoir qui porterait le cercueil. Et je sentais le poing de ma mère me frapper dans la chambre :

— Qui est le père ? Lequel des deux ?

C'était comme si je perdais de nouveau mon bébé, la souffrance me mettait à genoux. Je n'avais pas dormi de la nuit. Et dans l'obscurité, je croyais entendre les petits bruits qu'il faisait quand il dormait.

À neuf heures, je suis allée chercher les ballons bleus que j'avais commandés, puis les fleurs : des roses blanches, parce qu'elles sont symbole d'innocence et de pureté. Car malgré ses origines, mon Christopher était d'une pureté immaculée. Mick est arrivé à dix heures pour veiller sur mes enfants les plus jeunes ; je les trouvais encore trop petits pour assister au réenterrement. Et puis, Ben, Naomi et moi, nous sommes partis au cimetière. Il avait l'air très différent cette fois ; sous cette pluie grise, il paraissait tout ce qu'il y a de plus ordinaire. Il n'y avait qu'un petit monticule de terre à côté de sa tombe. Le pasteur a prononcé une prière, j'ai lu un poème que j'avais écrit moi-même et que j'allais pus tard me tatouer sur la jambe en guise de mémorial permanent.

Que puis-je dire sur toi aujourd'hui,
j'ai tellement de mal à trouver les mots
Tu m'as tant donné
et tu es parti il y a si longtemps
Tu m'as montré ce qu'était l'amour quand tu étais
là

Et aujourd'hui tu as accompli
ce que je n'aurais osé rêver
Tu as montré après toutes ces années que tu
comptes encore dans ce monde,
Tu as prouvé que j'avais raison d'avoir avancé,
Tu as montré qu'avoir foi
en la vérité finit par payer.
Christopher, mon chéri,
tu es né à la suite d'un grand mal
Mais tu resteras innocent et pur à jamais.
Merci du plus profond de mon cœur.
Merci de m'avoir aidée à retrouver ma vie.
Merci d'être toi.
Merci de m'avoir aidée à surmonter les épreuves.
Christopher, mon ange d'amour et de douceur
Et maintenant, mon chéri, repose en paix
Dors bien petit homme, en sachant
que tu n'es jamais loin de mes pensées.

Mary a lu un texte, elle aussi. Et ensuite, sous la pluie, nous avons tous jeté une rose blanche sur le cercueil, puis lâché un ballon pour lui. À la maison, au même moment, les enfants lâchaient eux aussi des ballons. C'était une cérémonie simple mais sincère, exactement ce que je voulais. Tous ceux qui comptaient étaient là, ou à la maison, et ils pensaient à lui. Je n'ai pas pleuré du tout, car il s'agissait pour moi de célébrer et d'honorer le plus extraordinaire des petits garçons. Il avait vécu moins d'un mois, mais accompli beaucoup. Il m'avait appris à aimer et à aller de l'avant après sa mort. Debout devant sa tombe, je savais avec force ce que je lui devais, et son souvenir me porterait pour la suite, quelle que soit l'issue.

—Je ferai de mon mieux, lui promis-je. Je te rendrai fier. Je ne baisserai pas les bras.

—*Je n'en doute pas*, me répondit-il tout bas. *Je sais que tu y arriveras.*

À mon retour à la maison, après la cérémonie, j'étais prête pour le plus grand combat de ma vie.

Les semaines après cet enterrement ont été difficiles. Mon sommeil était toujours envahi par les cauchemars et les flash-back, et je subissais toujours un épuisement et un stress sévères. Il y avait des jours où je n'en pouvais plus. Même si tout le monde autour de moi tentait de me rassurer, je m'en voulais d'obliger mes enfants à connaître une épreuve pareille. Comme toujours, mes enfants étaient un merveilleux filet de sécurité, ainsi que Mary, Louise et Marie. Et bien sûr, Christopher n'était jamais loin. Perché sur mon épaule, il me murmurait au creux de l'oreille :

—*Je suis avec toi, toujours.*

Je sentais sa présence. Parfois, j'avais l'impression qu'il rôdait autour de moi tel un fantôme. D'autres fois, il était juché sur mon épaule comme une vieille chouette pleine de sagesse. Toujours, il me donnait sa force.

Fin septembre, je suis allée au commissariat faire une déposition. À mon retour, j'étais vidée. J'ai décidé de faire une sieste avant que les enfants ne rentrent de l'école. Au réveil, j'avais des appels en absence de Louise et Marie, ainsi que des textos me pressant de les contacter. J'ai appelé Marie, le cœur battant, sachant qu'une nouvelle m'attendait.

—Le procureur a pris sa décision, a-t-elle commencé.

J'étais sûre que la nouvelle serait mauvaise, convaincue que ma famille ne serait pas inquiétée et que ce serait à moi de me débrouiller avec mon traumatisme. Personne ne m'avait jamais écoutée de toute ma vie. Pourquoi ça changerait ?

— Ils vont être inculpés. Tous les trois.

Il m'a fallu un moment pour comprendre. Ce n'était pas du tout ce à quoi je m'attendais.

— Oh, j'ai dit, le souffle coupé. Je... suis sidérée.

Là encore, je ne ressentais ni joie ni sentiment de victoire. Plutôt une satisfaction tranquille, et l'idée d'un élan. Enfin, j'étais prise en compte. On écoutait ma voix. John Wood était accusé de viols multiples. Ma mère, de complicité de viols. Jock, lui, était accusé de viol, d'inceste et d'attentat à la pudeur. Savoir qu'ils allaient peut-être devoir assumer ce qu'ils avaient fait était colossal. C'était terriblement triste, d'une certaine façon, mais c'était ce qu'il fallait faire. La police a ordonné à John Wood de me restituer l'acte de propriété de la tombe de Christopher, ce qu'il n'a fait qu'après avoir pris conseil auprès de son avocat. Quand Marie m'a apporté les documents, j'ai fixé le nom de mon ange écrit en noir et blanc et j'ai eu l'impression d'être sur le point de me noyer. Je devais lutter pour ne pas sombrer dans cette mer d'incertitude.

— J'ai vraiment du mal, ai-je avoué à Marie. Je n'arrête pas de penser à l'exhumation, à ce que mon fils a subi. Je suis contente qu'ils soient inculpés, je crois. Mais je m'inquiète de l'impact que cela aura sur les enfants. Je ne sais ni quand ni comment tout cela finira.

Marie a hoché la tête, compréhensive.

— Ça ne peut être que positif, d'agir, m'a-t-elle rappelé. Tu montres à tes enfants que peu importe qui te fait du mal, peu importe quand ça a eu lieu, il faut parler

et dire la vérité. C'est une leçon importante, et courageuse. Tu te débrouilles bien, Maureen. Tu es toujours
debout. Et c'est déjà une réussite.

Ses paroles étaient d'or, et je savais qu'elle avait raison.
Je savais qu'il se passerait de longs mois avant le procès.
Je devais tenir bon. Je ne pouvais pas me permettre de
baisser la garde ou de remettre en cause la justesse de
ma cause.

— *Tu es toujours debout*, m'a répété Christopher.
Un jour après l'autre.

14

Histoire de me concentrer sur autre chose, j'ai
commencé à préparer Noël. J'ai accroché les décorations
dès mi-novembre et commencé tout de suite les cadeaux.
Même si je ne roulais pas sur l'or en tant que mère célibataire, je ne pouvais m'empêcher de trop dépenser chaque
année pour les enfants. Rien ne me faisait plus plaisir.

— Si je ne dépense pas pour vous, alors pour qui ?
disais-je avec un grand sourire.

Un après-midi, Naomi et moi sommes allées faire
du shopping dans le centre-ville. Elle était rentrée chez
Primark pour choisir un pyjama de Noël à Michaela
pendant que je l'attendais dehors, parce qu'il y avait vraiment trop de monde. Mais comme mon regard se perdait
sur les guirlandes dans les arbres, je me suis soudain figée
d'horreur. Là, droit devant moi, c'était ma mère. J'étais
en panique, glacée d'effroi. Je me suis cachée derrière le
coin de la façade en essayant de dissimuler mon visage
derrière mes sacs de course. Prudemment, j'ai jeté un
coup d'œil. Et elle était juste là, à quelques mètres. Mon
cœur s'emballait. C'était comme attendre un choc électrique. Je devais me retenir de hurler. Par chance, elle ne

m'a pas vue. Elle est passée droit devant moi. Je m'étais préparée à une grande confrontation qui n'avait pas eu lieu. Mais la simple idée d'être dans la même rue qu'elle, de risquer de croiser son chemin, suffisait à me plonger dans l'angoisse. J'étais encore recroquevillée sur moi-même lorsque Naomi est sortie du magasin.

— Maman, qu'est-ce que tu fabriques ?

— Je l'ai vue, j'ai bafouillé. Ta mamie est là.

Notre journée de courses de Noël était gâchée. Je ne pouvais pas continuer en sachant que je pouvais à n'importe quel moment tomber sur elle.

— Rentrons, m'a gentiment proposé Naomi. On fera les courses un autre jour, ce n'est pas grave.

Mais nous devions encore rentrer en traversant la ville en bus. J'avais l'impression d'être traquée, je regardais à chaque coin de rue de crainte qu'elle soit là. Je scannais la rue comme une caméra de surveillance. J'étais un paquet de nerfs. À l'arrêt de bus, je scrutais partout autour de moi.

— Calme-toi, maman, me rassurait Naomi. Tu n'as rien fait de mal. C'est elle qui devrait avoir peur de tomber sur toi.

Naomi avait raison, mais j'étais incapable d'expliquer ma peur ou de m'en défaire. Comment allais-je affronter ma mère au tribunal si je ne pouvais même pas la croiser dans la rue ? Au tribunal, je ferais face à celle qui m'avait faite. Littéralement. Et ça me fichait une trouille bleue.

Pour le seizième anniversaire de Naomi mi-décembre, nous avons fait un repas de famille à la maison. J'ai cuisiné des tas de choses, en y prenant un plaisir fou. J'ai aussi préparé un gros gâteau d'anniversaire. Une fois encore, cuisiner me permettait de retrouver calme et sérénité au moment où j'en avais le plus besoin.

— Joyeux anniversaire…

Nous avons chanté, et en voyant mes enfants rayonner de bonheur, j'ai réussi à sourire.

Nous avons eu un Noël animé, chaotique, avec du papier cadeau et des tourtes à moitié finies partout dans le salon. La maison était pleine de rires, d'éclats de voix, de bruit et de vie. J'adorais ça. J'ai ri avec les enfants en mettant tous mes problèmes de côté. Au Nouvel An, j'arrivais à envisager l'avenir en étant positive. J'avais toujours peur du procès, mais je voyais le bout du tunnel. Si j'arrivais à surmonter cette épreuve, je pourrais enfin mener une vie normale.

Le procès était prévu pour le 11 mai 2010, et j'avais hâte autant que j'étais terrorisée. Pour garder mon équilibre, j'écrivais des tonnes de poésies où je déversais mes peurs et mes sentiments :

Jours sans espoir, nuits sans fin,
batailles constantes, combats inutiles,
Rêves agités, cris du cœur,
vérités à dire, luttes à mener,
Une vie de victime, un rêve de rescapée, rien n'est
jamais aussi simple qu'on croit.
L'avenir semble morne, le passé est pire, au milieu
trouver de nouvelles premières fois ;
La première fois qu'on pleure sans avoir peur ;
la première fois qu'on dit à quelqu'un
qu'on tient à lui
La première fois qu'on nous croit totalement ;
la première fois qu'on est totalement soulagé

La première fois qu'on n'est pas jugé ; la première
fois qu'on s'avance sur le chemin à prendre
La première fois qu'on affronte le démon
de l'enfance ; la première fois qu'on
se croit véritablement un être humain
La première fois qu'on lâche ce passé honni.
Ce sera peut-être la première fois,
mais ce sera aussi la dernière.

À la fin du mois de janvier 2010, une agente de liaison chargée des victimes m'a emmenée voir le tribunal.

—C'est une bonne idée d'aller jeter un coup d'œil pour se familiariser avec les lieux, m'a dit cette femme.

Mais même pour une expérience dans une salle vide, j'étais remplie d'appréhension. Je n'étais jamais allée dans un tribunal de ma vie. Pour récupérer la garde de Ben, j'étais passée dans une cour réservée aux familles, mais ça n'avait rien à voir. Dès mon arrivée, j'ai eu la bouche sèche. L'agente de liaison m'a gentiment expliqué où se trouveraient les prévenus, et aussi les jurés, les avocats et le juge. C'était intimidant à imaginer.

—Et voilà où vous serez, m'a-t-elle dit en me désignant le box des témoins.

Des mesures spéciales avaient été prises afin que je sois protégée derrière un écran. J'avais insisté sur ce point, sachant très bien que je n'arriverais pas à me concentrer sur ma déposition avec le regard de ma mère braqué sur moi.

—Ce sera exactement comme ça pour le procès, m'a expliqué la femme en me montrant un épais rideau noir qui tombait du plafond jusqu'au sol. Je me suis assise dans le box pour voir l'effet que ça faisait. Immédiatement, j'ai suffoqué. J'étais piégée – emprisonnée – et c'était exactement ce qu'ils avaient voulu. Encore.

— Non.

Le sang battait à mes tempes.

— Je me sens enfermée. Je ne supporterai pas. Je n'ai pas l'impression d'être la victime, mais l'accusée. C'est moi dont on fait le procès.

C'était une attaque de panique, là, en plein dans le box. Mon cœur cognait si fort qu'il menaçait de défoncer ma cage thoracique. Je me suis pris la tête à deux mains en essayant de me calmer et de refouler mes larmes. Je savais que si ça m'arrivait pendant le procès, tout serait perdu.

— Je vais devoir témoigner sans l'écran, lui ai-je dit. C'est la seule façon.

Évidemment, c'était une grosse décision. J'allais devoir affronter le regard de mes violeurs, qui se trouvaient aussi être ma mère, mon beau-père et mon frère.

— Vous êtes sûre ? m'a demandé l'agente.

— Oui, j'y arriverai, ai-je répondu d'une voix forte, plus pour me convaincre qu'autre chose.

Au fond, je n'en savais rien du tout. Était-ce courageux ou stupide ? Nous sommes sortis de la salle. Mes jambes tremblaient, je me suis assise sur un banc. Réussirais-je à aller au bout ? Est-ce que je pouvais vraiment envoyer mes parents et mon frère en prison ? Il y avait une dichotomie dans mon attitude envers eux. Même si je les méprisais et les détestais, j'avais aussi un sentiment irrationnel de culpabilité. Je savais que le procès les détruirait, et non seulement eux mais mes autres sœurs, et ma famille plus large. Je devrais vivre avec ce poids. J'étais le mouton noir. C'était moi qui brisais les murs de la maison.

Plus la date se rapprochait, plus le temps paraissait ralentir, voire s'arrêter complètement. Et puis, alors qu'il ne restait plus qu'un jour, il a été repoussé de deux jours parce que les avocats de Jock prétendaient que son ADN n'était pas prêt. Il avait eu des mois et des mois pour monter sa défense, et je savais qu'il cherchait juste à me déstabiliser. Et bien sûr, ça a fonctionné. Le matin du procès, à huit heures quarante-cinq, j'étais devant le palais de justice à battre le pavé, essayant de m'armer de courage.

— *Je suis avec toi, maman*, me disait la petite voix sur mon épaule.

Sachant que je n'étais pas seule, j'ai pris une profonde inspiration et poussé les grandes portes en verre. Après avoir franchi la sécurité, je suis entrée dans le foyer – pour tomber nez à nez avec Jock. Il était assis sur un banc devant la salle d'audience, avec l'air d'un badaud absolument pas concerné par ce qui s'y déroulait. Je n'arrivais pas à y croire. J'avais l'impression d'halluciner. En voyant son air surpris et alarmé, j'ai compris que lui non plus ne s'attendait pas à tomber sur moi. Malgré ma fébrilité, j'ai fini par trouver quelqu'un qui travaillait au tribunal et qui a bien voulu m'emmener dans une salle d'attente à l'écart. Pendant que je reprenais mon souffle en buvant un thé, je me suis remémoré l'expression qu'il avait eue. Et j'ai compris qu'il ne s'attendait pas à me voir ce matin. Il croyait que j'allais flancher. Toute ma vie, il m'avait contrôlée. Et il avait pensé que je continuerais à garder le silence. Et maintenant que la facture arrivait, il comptait sur ma faiblesse, comme toujours, pour ressortir libre du tribunal.

— C'est fini, ai-je dit dans un souffle. Terminé.

Comme il fallait s'y attendre, mon avocat est venu me trouver pour m'expliquer que celui de Jock allait changer de défense.

— Il attendait de voir si j'allais venir, lui ai-je dit avec amertume. Il plaide coupable uniquement parce que je suis là et qu'il n'a pas le choix.

Mon avocat a acquiescé. Nous sommes allés dans la salle d'audience à onze heures et demie écouter Jock plaider coupable pour les viols, l'inceste et les attentats à la pudeur. Le procès a ensuite été ajourné afin de laisser au procureur le temps d'adapter son dossier contre mes parents.

— J'ai bien peur que ce soit fini pour aujourd'hui, m'a dit l'avocat. Il va falloir attendre encore un bon moment avant d'avoir une nouvelle date.

J'avais la tête qui tournait après ce maelström d'émotions. J'étais soulagée que Jock ait plaidé coupable, mais furieuse qu'il ait attendu le dernier moment pour le faire. Alors qu'il y avait une preuve irréfutable qu'il était le père de Christopher, il avait espéré que je n'aurais pas le courage de l'affronter à la barre, et que mes accusations s'effondreraient. Il n'avait dit la vérité que pour sauver sa vie.

— Qui est le lâche maintenant, Jock, hein ?

Malgré moi, j'éprouvais encore une sorte d'empathie pour Jock. Il avait l'air d'un homme brisé quand j'étais entrée dans le hall du tribunal. Fini d'être arrogant et de rouler des mécaniques. Les images tourbillonnaient dans mon esprit : Jock qui écoute de la musique à fond dans sa chambre tandis que maman lui hurle dessus depuis le rez-de-chaussée, Jock voyant mon nez cassé et allant punir le fautif, Jock rentrant de chez le coiffeur avec une crête d'Iroquois. Il restait mon grand frère. Il n'y avait pas à y couper.

J'étais en colère contre moi-même d'être aussi molle. Le fait qu'il était mon frère aurait dû me garantir d'être en sécurité à ses côtés, je le savais. Pourtant, il me restait extrêmement difficile de couper le robinet de l'empathie et de l'affection que j'avais pour lui. Ce conflit de loyauté mal placée m'avait pourri la vie. C'était d'ailleurs la raison pour laquelle j'avais mis tant de temps à parler. Et maintenant, en dernier ressort, ces sentiments menaçaient de ruiner mes chances d'obtenir justice.

— *Accroche-toi, maman*, me soufflait une voix. *Un de coupable, plus que deux.*

J'étais frustrée de devoir encore attendre avant d'affronter mes parents. Tout était comme suspendu Le temps ne passait pas. Pendant dix mois, j'ai été sur les nerfs en permanence. Je suis passée de 115 à 75 kilos. Je brûlais des calories à force d'angoisse. Normalement, j'aurais dû être ravie de perdre autant de poids. Mais en l'occurrence, c'était surtout le rappel constant de ce qui m'attendait. La nouvelle date a été fixée à mars 2011, et j'ai tout de même réussi à arriver jusque-là sans trop savoir comment, un peu à la manière d'une somnambule. J'ai fêté mon quarantième anniversaire en octobre 2010, Mary et Louise m'ont emmenée au restaurant pour célébrer l'événement. Et nous avons aussi organisé une fête à la maison. Mais j'avais l'impression que c'était mon dernier repas.

Un autre Noël est passé, une autre tournée de cadeaux d'anniversaire, avec le sourire accroché au visage, les gâteaux et les papiers cadeaux. J'essayais de me plonger dans ma vie de famille. Mais en réalité, je ne faisais que meubler le temps, comme une femme destinée à la chaise électrique.

Quand le jour est venu, ça a presque été un soulagement. Enfin, je voyais le bout. Louise est venue me chercher pour le premier jour du procès. Ben et Naomi nous ont accompagnées au tribunal tandis que les plus jeunes restaient chez Mick.

Nous ne voulions pas que les trois derniers entendent tous les détails sordides de mon calvaire. Je pouvais davantage compter sur Mick maintenant qu'à l'époque où nous étions ensemble, et je lui en étais reconnaissante. Il avait été scandalisé en apprenant ce que j'avais vécu, et il me soutenait. Le procès devait durer dix jours, et mon témoignage occuperait les deuxième et troisième jours. On m'avait prévenue que je serais interrogée par trois magistrats – le procureur, plus un avocat par accusé.

— Vous pourrez faire autant de pauses que vous le voudrez, m'avait-on avertie.

Mais c'était un maigre réconfort.

En entrant dans la salle prendre place dans le box des témoins, j'ai eu l'impression d'entrer dans la chambre de mes parents, prête pour l'horreur bimensuelle des viols et des attouchements. Mes pieds traînaient légèrement sur le sol, comme quand je portais des chaussons et que je rechignais à traverser le palier. Ce n'étaient que quelques pas, mais chacun d'eux prenait une éternité. Et d'une certaine manière, je n'avais pas envie d'arriver au bout. Je ne voulais pas de ce qui allait suivre. Mais il n'y avait pas moyen de l'éviter. Soudain, j'étais de nouveau une petite fille impuissante, apeurée et seule. Je n'ai pas regardé le banc des accusés, je marchais tête baissée. Mais je sentais leurs regards peser sur moi. Je sentais leurs parfums bon marché. Mon cœur martelait ma cage thoracique tandis que je revoyais les rideaux à fleurs et que j'entendais John Wood grogner et gémir, son haleine fétide dans mon cou.

—Bloque ces pensées, me suis-je dit avec fermeté. Tu verras ça plus tard.

Mon avocat m'a interrogée en premier. Puis est venu le tour de celui de ma mère. Il ne m'a pas ménagée, j'avais l'impression d'avoir un chien enragé aux trousses.

—Pourquoi mentez-vous ?

—Pourquoi je mentirais ? ai-je répondu. Pourquoi aurais-je envie de vivre une épreuve pareille au tribunal ?

Il m'a bombardée de questions, demandant à savoir pourquoi je n'avais pas dénoncé les actes de ma mère en même temps que ceux de John Wood et Jock. Il affirmait que tout ça était le fruit de mon imagination.

—Vous voulez vous venger de vos parents parce que votre frère vous a violée. Vous leur en voulez, c'est cela ?

Louise m'avait prévenue que je ne devais pas perdre mon sang-froid, mais c'était dur. J'avais l'impression que c'était mon procès, que c'était moi qui étais en tort. Elle m'avait conseillé de raconter mon histoire en m'adressant à un juré en particulier, en ne me concentrant que sur lui ou elle.

—Ça te calmera.

Donc, pendant que l'avocat m'attaquait, je me suis focalisée sur un juré, un homme d'une quarantaine d'années qui avait les cheveux poivre et sel et l'air gentil. J'ai tenté de lui expliquer comment les souvenirs avaient ressurgi fragment par fragment, comment je les avais enfouis dans les tréfonds de mon inconscient, parce qu'ils étaient trop douloureux. Je lui ai dit que je n'aurais certainement pas survécu si tout était sorti d'un coup.

Maman, assise à quelques mètres à peine, avait les yeux rivés sur moi. Et je ne pouvais m'empêcher de penser qu'elle aurait pu m'épargner tout cela. Elle aurait pu éviter l'exhumation, le procès, simplement en disant la vérité. L'énormité de sa trahison, de son rejet, elle qui m'avait mise au monde, était d'un glauque inexcusable. Et j'en souffrais plus que jamais. Moi qui m'étais promis de ne pas baisser la garde, j'ai fini par sangloter de manière incontrôlable devant tout le monde.

— On va faire une pause, a annoncé le juge.

Pendant la pause, en allant prendre l'air dehors, j'ai vu ma mère qui fumait une cigarette un peu plus loin. Aucune émotion ne se lisait sur son visage. Elle donnait l'impression d'être imperturbable. Je l'avais déjà vue faire cette tête. Elle avait la même expression quand elle m'avait battue, après les funérailles de Christopher. Elle ne trahissait rien de ce qui l'agitait. Peut-être, me disais-je, n'y avait-il effectivement rien à trahir, aucun tumulte intérieur. Elle n'était peut-être qu'une coquille vide. Une mère glaciale, dénuée de sentiments. À mon retour dans la salle, j'étais autant remuée par l'absence de réaction de ma mère que par la violence du contre-interrogatoire.

— Expliquez-moi pourquoi vous mentez, me dit l'avocat. Dites-moi pourquoi vous êtes incapable de faire la différence entre les rêves et la réalité ?

Mon témoignage, ponctué par de nombreuses pauses, a duré des heures. En sortant de là, je me sentais défaite, vaincue, vidée. Je ne me voyais pas recommencer le lendemain avec l'avocat de John Wood.

Au réveil, après une nuit presque sans dormir, j'ai mangé des céréales et tout rendu. Mon estomac n'acceptait rien. C'était tellement plus difficile que mon témoignage devant la police. Les avocats à la cour étaient d'une brutalité inouïe.

Ce sont des salauds, ai-je pensé. *On dirait qu'ils cherchent à me démolir.*

L'avocat de John Wood s'est concentré sur le fait que son client était un homme respecté de tous.

Mais pas dans sa propre maison, me disais-je.

Évidemment, je ne l'ai pas formulé à voix haute.

Lui aussi m'accusait de mentir. Et comme la veille, j'ai versé des larmes de rage et de frustration. Mais une petite voix m'encourageait :

— *Tu peux le faire, maman*, me susurrait Christopher. *N'oublie pas, j'ai fait ma part. Je suis avec toi.*

Et ainsi, je me suis rappelé que je n'étais pas seule. Après m'être essuyé les yeux et mouchée, j'ai poursuivi. À la fin de mon contre-interrogatoire, je me sentais complètement lessivée. En tout, j'avais passé dix heures à la barre. Les jours suivants, j'ai continué à aller au tribunal même si rien ne m'y obligeait. Il y avait quelque chose de morbide et de fascinant pour moi. Je n'avais pas envie d'y aller, mais je ne pouvais pas m'imaginer ailleurs. Mais au quatrième jour, quand j'ai entendu la voix glaciale et pondérée de John Wood, je n'ai pas réussi à entrer.

Cette voix me ramenait directement en enfance.

« Et ne t'inquiète pas, j'ai eu une vasectomie. »

« Si tu en parles, je te tue. »

« Tu vas être ma petite femme cette semaine. »

J'ai frémi en essayant de chasser ces souvenirs. Puis je suis allée dans la salle d'attente réservée aux témoins.

La défense n'avait que deux témoins : Lui. Et Elle. On m'a dit que ma mère s'était effondrée à la barre et avait prétendu ne plus réussir à respirer. On avait dû arrêter le procès et faire venir une ambulance. Mais je l'avais vue plus tôt, fumant devant le tribunal d'un air parfaitement indifférent. Je savais qu'elle avait feint le malaise pour les jurés. Ce n'étaient que faux-semblants et mensonges, comme toujours. Et bien entendu, elle est revenue au tribunal dès l'après-midi. Une remise sur pied particulièrement rapide... Jock était lui aussi présent au tribunal, car s'il était reconnu coupable, il pouvait écoper d'une condamnation à la fin du procès. Au sixième jour, l'avocat de Jock a demandé à Marie si j'étais disposée à lui parler.

Ma seule condition a été :

— Tant que je ne suis pas seule avec lui.

En vérité, j'avais envie de l'avoir devant moi. Je voulais savoir pourquoi il avait si longtemps nié être le père de Christopher. Nous nous sommes vus dans la salle d'attente des témoins, encadrés par des policiers.

— Tu as enfin accepté l'idée que tu es le père de Christopher ? lui ai-je demandé.

— Je n'ai pas le choix.

— Mais tu le sais depuis toujours. Sinon, pourquoi aurais-tu proposé de porter le cercueil à son enterrement ? Tu l'as demandé parce que tu savais que tu étais son père.

Jock a secoué la tête avec colère.

— Je l'ai demandé parce que j'étais l'homme de la maison et que c'était à moi de le porter.

Je savais qu'il mentait.

— C'est John Wood qui était l'homme de la maison, lui ai-je rappelé.

— Non, c'est faux, a répondu Jock, vexé. C'était moi.

Il refusait de prendre ses responsabilités. Il n'osait même pas croiser mon regard. Le silence s'est prolongé, un silence pénible.

— Tu n'as rien d'autre à me dire ? ai-je fini par lui demander.

— Comme quoi ?

— Eh bien, me présenter des excuses, par exemple ? Reconnaître ce que tu as fait ?

Jock m'a jeté un regard noir.

— Je n'ai aucune raison de m'excuser. J'ai plaidé coupable. Qu'est-ce que tu veux de plus ?

J'étais moi aussi en colère, maintenant.

— Tu devrais t'excuser auprès de Christopher. C'était ton fils et c'est à cause de toi qu'il a fallu l'exhumer, parce que tu refusais d'avouer ce que tu as fait.

Mais Jock ne voulait pas s'excuser. Il n'a plus dit un mot.

J'ai quitté la pièce sans rien rajouter. On aurait dit qu'il m'avait fait une faveur en plaidant coupable. Que je piquais une crise pour rien, que je dramatisais la situation. Finalement, je ne savais même pas pourquoi il avait demandé à me parler. Il n'avait rien à dire. Une fois de plus, il avait essayé de me contrôler, de me manipuler comme une marionnette, et je m'en voulais d'avoir accepté cette rencontre. Jock n'avait pas eu la vie facile. Mais moi non plus. Et rien ne pouvait excuser ses crimes.

Malgré tout, j'étais contente de l'avoir vu. Au moins, je n'avais plus à me faire d'illusions. Pendant les longues heures d'attente qui ont suivi, j'ai discuté avec Marie et je lui ai expliqué le rôle qu'avaient joué les services sociaux pendant mon enfance.

— Avec le recul, je n'en reviens pas que personne n'ait remarqué ce que je vivais. Je me disais toujours que quelqu'un allait finir par me sauver. Il y avait tellement de signes. Mais rien ne s'est produit. C'était d'autant plus bizarre qu'il y avait sans cesse des travailleurs sociaux autour de notre famille. Ils n'avaient pas besoin d'être alertés, ils étaient déjà là. Mais ils n'ont rien vu.

Un après-midi, m'armant de courage, j'ai ouvert le dossier de suivi social – et en lisant une page, mon sang s'est glacé. C'était une courte note à propos de Jock : quelqu'un avait rapporté qu'il violait une de ses sœurs. Mon nom n'y figurait pas. Mais c'était écrit là, noir sur blanc, que quelqu'un savait. Étant donné ce qui m'arrivait, les services sociaux auraient sûrement dû mener une enquête, non ?

C'était tout bonnement incroyable. J'étais tombée enceinte toute jeune. J'avais fini à l'hôpital à cause d'infections urinaires et d'une blessure aux parties génitales, prétendument à cause d'une selle de vélo. J'avais fugué à maintes reprises. J'étais profondément malheureuse et perturbée. Et enfin, ultime pièce du puzzle, on savait que Jock abusait d'une de ses sœurs. Que rien n'ait été fait dépassait les frontières du pensable.

— Tout cela aurait pu être évité. Tout.

C'était une petite grenade dégoupillée dans ma vie. Mais à ce moment-là, j'avais affaire à une bombe atomique avec le procès en cours. Mon indignation vis-à-vis de l'incurie des services sociaux devrait attendre. Au dixième jour, le jury s'est retiré pour délibérer. Je faisais les cent pas dans le couloir, incapable de me détendre ou de m'intéresser à autre chose.

— Sortons, m'a proposé Naomi. Allons manger quelque chose, ça nous calmera un peu.

Nous sommes allées nous asseoir avec Ben sur un banc au soleil. Le petit ami de Naomi, Ash, nous avait apporté un pique-nique. Nous avons mangé des sandwiches à la saucisse et bu de la limonade en faisant comme si c'était une journée normale. Ce petit geste amical d'Ash était un baume sur mon cœur. Pendant que nous mangions, Ben m'a raconté comment, quelques années plus tôt, John Wood l'avait pris à part lors d'un réveillon de Noël pour lui dire : « Peu importe ce que tu entends, peu importe ce que les gens diront sur moi, sache que je vous aimerai toujours. Vous serez toujours mes petits-enfants. »

— Sur le moment, je n'en ai rien pensé, m'a dit Ben. Il avait un peu bu, j'ai pensé que le vin le rendait émotif. Mais aujourd'hui, je me demande s'il ne voyait pas venir le procès. Il devait s'inquiéter que tu ailles à la police un jour, et il aurait voulu s'expliquer. Mais évidemment, il ne le pouvait pas.

J'en frissonnais. Il y avait belle lurette que John Wood avait été déchu de son titre de grand-père. Le jury revint dans un premier temps avec le verdict concernant John Wood. Pendant que nous nous installions dans la salle, je me préparais à l'inévitable déception.

— Reconnu coupable de tous les chefs d'inculpation, a prononcé le président.

Je serrais les mains de Ben et Naomi dans les miennes.

— On l'a fait, mon ange, ai-je dit tout bas. Toi et moi.

— *Bien joué, maman*, m'a répondu Christopher tout doucement. *Je savais que tu y arriverais.*

Il n'y a pas eu de célébration, et je n'ai même pas eu le temps de souffler. Le jury s'est de nouveau retiré pour continuer sa délibération sur la culpabilité de maman. John Wood est parti immédiatement en détention. Il a demandé d'une voix pathétique si on pouvait lui accorder une nuit chez lui pour ranger ses affaires, mais sa requête a été refusée. Il a eu des années pour se préparer à croupir en prison, me suis-je dit. En vérité, comme Jock, il ne s'attendait pas à ce que j'aille jusqu'au bout. Il ne pensait pas que j'aurais le cran nécessaire.

Le lendemain, le président du jury s'est de nouveau présenté devant le juge, cette fois pour annoncer le verdict concernant ma mère : elle était reconnue coupable à la majorité. Les votes avaient été de 9 voix contre 3. Un frisson a parcouru la salle, et j'ai moi-même tressailli. À vrai dire, il n'y avait peut-être pas de quoi être surpris. C'était beaucoup demander à des inconnus que de croire qu'une mère était capable de faire l'impensable à son propre enfant.

Le visage de ma mère m'a stupéfiée : elle avait un grand sourire narquois, comme si elle venait de remporter un premier prix. Comme si c'était elle qui avait gagné. Une fois sortie du tribunal, j'ai retrouvé mon équipe légale.

— Vous êtes le seul témoin, m'a dit mon avocat. Vous tiendrez le coup si elle fait appel ? Vous pourrez tout recommencer ?

Il savait que le stress avait failli me briser, et je crois que ma réponse du tac au tac l'a étonné. Pour moi, il n'y avait pas de question à se poser.

— Absolument. Même si ça doit me mettre plus bas que terre, j'irai au bout.

Il le fallait. Je ne pouvais pas m'arrêter en si bon chemin. C'était ma mère, elle aurait dû veiller sur moi.

Elle aurait pu me sauver, et au lieu de cela elle avait participé. Il ne pouvait pas y avoir pire trahison, plus horrible perfidie.

Après le déjeuner, nous sommes retournés dans la salle d'audience et on nous a annoncé qu'un procès d'appel aurait effectivement lieu. Cette fois, ma mère n'avait plus l'air si enchantée. Elle s'était attendue à ce que je m'écroule après le premier verdict. Mais elle avait eu tort. Je trouvais en moi un courage et une conviction dont ma famille ignorait tout. La prochaine fois, ai-je compris, il n'y aurait qu'elle et moi. Un procès contre la mère de tous mes maux. Et même si je craignais les répercussions, j'avais hâte. C'était ma dernière chance de faire éclater la vérité une fois pour toutes.

En septembre, la sentence a été prononcée contre John Wood et Jock. Au matin, Louise est venue me chercher et m'a conduite au tribunal. Jock se trouvait dans le hall, et je n'ai pas eu d'autre choix que de me tenir à côté de lui. Que le violeur et sa victime soient côte à côte, c'était une faute de la part du système judiciaire britannique.

— Assure-toi que maman ait ce qu'elle mérite, m'a-t-il dit.

Je n'ai pas répondu. John Wood, âgé de soixante-huit ans, a été condamné pour sept viols à seize ans de prison. John Donnelly, *alias* Jock Donnelly, a écopé de deux ans de prison après avoir été reconnu coupable de viol, d'inceste et d'attentat à la pudeur.

J'étais secouée par des émotions contradictoires. D'un côté, je me disais qu'ils auraient dû être enfermés plus longtemps. De l'autre, je trouvais que c'était trop long.

J'étais tétanisée par le fait d'avoir envoyé mon beau-père et mon frère derrière les barreaux.

Un mois plus tard, le jour de mon quarante et unième anniversaire, le procès d'appel a commencé. Cette fois, j'avais compté les jours jusqu'à cette date. Je l'attendais. Ce qui ne m'a pas empêchée, le premier matin, de faire une crise de panique. J'avais l'impression d'être sur le point de monter sur un ring pour combattre ma propre mère. Le seul autre témoin était Marie, la policière. Devant le tribunal, pendant que j'essayais de garder mon calme, les gens me donnaient des conseils bien intentionnés.

— C'est une sorcière. Elle le mérite, sois forte.

— C'est le dernier chapitre, il ne reste plus qu'elle. Va jusqu'au bout.

Mais pour moi, ce n'était pas aussi simple. C'était ma mère. La femme qui m'avait portée et qui m'avait mise au monde. Oui, elle avait abusé de moi. Oui, elle m'avait trahie. Mais elle m'avait aussi nourri et entretenue, c'était elle qui collait des pansements sur mes genoux en sang. Elle avait appelé la radio quand j'étais petite afin de demander une dédicace pour mon anniversaire. Elle avait été la grand-mère, plus ou moins, de mes enfants. Pouvais-je vraiment la condamner ? J'étais dans le dernier kilomètre du marathon, mais j'étais sur le point de renoncer.

— Je ne peux pas, ai-je fini par dire. Je suis désolée.

Mon avocat a demandé au juge de m'accorder une journée de délai pour rentrer chez moi et prendre le temps de la réflexion, ce qu'il a accepté. Le lendemain, soit le procès aurait lieu, soit c'en serait fini pour de bon. J'avais vingt-quatre heures pour reprendre mes esprits.

243

Sur le moment, j'étais sûre de ne pas revenir. J'avais l'impression de m'être menti, je m'étais construit cette histoire de bataille en « un contre un » avec ma mère, comme si j'allais redresser publiquement des torts. Mais au fond, je restais une petite fille terrifiée. Incapable de la combattre. J'aurais préféré avoir n'importe qui d'autre face à moi. Elle m'avait donné la vie et j'étais certaine qu'elle pouvait aussi y mettre un terme.

Mick avait pris nos enfants les plus jeunes pour la journée, si bien que la maison était tranquille. Je me suis étendue sur mon lit et j'ai pleuré tout mon soûl. Je savais que si le procès avait lieu, l'avocat de ma mère allait me mettre en pièces. La deuxième fois était encore pire, car je savais à quoi m'attendre. Je savais à quel point c'était destructeur. Ce soir-là, allongée sur mon lit, tourmentée et confuse, j'ai entendu la voix de Christopher dans ma tête, aussi claire que s'il était à côté de moi.

— *Tu peux y arriver. Bien sûr que tu peux. Tu as fait bien plus difficile. Et cette fois, tu as six enfants qui te croient. Six raisons d'être aimée. Six raisons d'être fière. Tu n'es pas toute seule dans cette salle d'audience. Je suis avec toi, toujours.*

Ses mots m'ont un peu apaisée et j'ai pu dormir profondément, en sachant que mon garçon était avec moi. Le lendemain matin, je suis arrivée tôt, et en forme, devant le tribunal. Mon avocat était ravi.

— Je n'étais pas sûr de vous revoir aujourd'hui, m'a-t-il dit en m'accueillant avec le sourire.

— Moi non plus. Disons juste que quelqu'un m'a remotivé.

Avant d'aller à la barre, je me suis préparée à un tir de barrage. Et cela a été aussi terrible que je l'avais pressenti. L'avocat de maman n'a pas arrêté de dire que j'avais « couché avec [mon] frère ».

J'écumais de rage.

— Ne dites pas ça. Je n'ai pas couché avec lui. J'étais une enfant. J'ai été violée.

Le juge m'a défendue.

— Ne répétez pas cette formulation, a-t-il fini par lui ordonner.

Cette marque de soutien m'a redonné un peu de confiance.

— Seriez-vous d'accord pour dire que vous êtes instable ? m'a demandé l'avocat. Et que vous avez inventé toute cette histoire ?

Je savais qu'il essayait de me discréditer. C'était ma parole contre la sienne. Il n'y avait rien d'autre. De son côté, ma mère a encore fait le coup du malaise au moment de témoigner. Une ambulance est venue, mais cette fois le juge a fait entrer le médecin dans la salle, et celui-ci n'a rien vu qui clochait chez elle. Le procès a pu se poursuivre, ce qui m'a arraché un petit sourire satisfait.

— *Tu vois ?* me murmurait Christopher. *Ça va dans ton sens, maman.*

Le jury s'est retiré et j'ai eu le sentiment familier que le temps suspendait son cours. J'avais l'impression de flotter dans l'espace. Le jury n'est revenu que le lendemain à seize heures trente. Je ne m'attendais pas à un verdict de culpabilité, je n'osais pas l'espérer. Pour autant, je ne regrettais rien. Je pourrais au moins me dire, et dire à mes enfants, que j'avais essayé. J'avais exposé la vérité et tout fait pour aller au bout. Et là, à ma grande stupéfaction, d'une voix de stentor, le président du jury a lancé dans la salle :

— Coupable !

Dehors, mon équipe légale a célébré à juste titre ce verdict en lançant le poing en l'air. Ils pouvaient être fiers d'eux. Moi, je me sentais à plat. Je ne ressentais ni joie, ni sentiment de victoire. Maman a eu sa condamnation sur-le-champ. À soixante-cinq ans, elle était reconnue coupable de complicité de viol sur mineure. Elle a écopé de neuf ans de prison. On m'a raconté qu'elle était restée impassible devant le tribunal. Je ne saurai jamais si elle éprouvait le moindre remords. Ce jour-là, en tout cas, j'ai rejeté sur elle la honte, le dégoût, la culpabilité et l'opprobre. C'était terminé pour moi. J'avais attendu trente ans pour obtenir justice, trente ans pour envoyer ma propre famille en prison. Il n'y avait pas de vainqueur. Mais désormais, je pouvais au moins garder la tête haute.

À mon retour à la maison, les enfants se sont jetés sur moi pour me féliciter.

— Bravo, maman ! Tu n'as pas renoncé.

Et une petite voix sur mon épaule murmurait :

— *Je savais que tu ne baisserais pas les bras. J'ai toujours eu foi en toi, maman.*

Au fond de moi, je n'avais pas envie de fêter l'événement ou de faire trop grand cas de ces condamnations, j'éprouvais juste une satisfaction bien réelle. Mais cette même semaine, SAIVE, l'association qui m'avait aidée sur le plan juridique, m'a demandé d'accorder une interview au journal local.

— Tu es une réussite pour nous, m'a expliqué Louise. On pense que tu pourrais convaincre d'autres gens de venir nous trouver pour se faire aider.

J'ai immédiatement accepté. Louise avait tant fait pour moi que j'étais heureuse de pouvoir lui rendre un peu la pareille. Je ne voyais aucune raison de ne pas parler en public. J'avais gardé le silence pendant tellement d'années que j'étais prête maintenant à faire connaître mon histoire au monde entier. J'avais un message à faire passer : je voulais que les gens comprennent que les femmes violent aussi. Que la maltraitance peut venir de n'importe qui. Et que le cacher n'est jamais une bonne idée. Les mères aussi peuvent être des monstres. Ce n'était pas un message très agréable, certes. Il était difficile à accepter. Mais il était crucial que je prenne la parole.

Le jour de la sortie de l'article, en janvier 2012, j'étais en photo à la une, et cela a été une libération. Les gens autour de moi me soutenaient tous. Un jour, je suis entrée dans une librairie et la vendeuse m'a dit :

— Bravo, madame. J'ai lu l'article. Vous devriez écrire un livre.

— Je le ferai peut-être, ai-je répondu. Une chose à la fois.

Les seules répercussions négatives sont venues, hélas, de ma propre famille, notamment du côté de ma mère. Ils étaient horrifiés que je traîne leur nom dans la boue.

— On aurait pu régler ça en famille, sans la police.

— Tu n'aurais pas dû en parler.

Je ne peux pas dire que ça m'ait étonnée. J'étais habituée à leurs réactions tordues. Mais c'était quand même une grosse déception. D'autant que j'avais encore un peu peur d'eux. Je désirais toujours leur affection, même si je savais que cela n'arriverait jamais. La maison de Jock a été attaquée par des vandales qui ont peint le mot « pédo » sur sa façade. Mais j'ai entendu que le reste de la famille s'est resserré autour de lui. En dépit de tout.

J'ai rejoint un groupe de victimes sur Facebook. J'y ai rencontré des gens qui étaient au bord de la rupture, comme je l'avais été. Cela me faisait du bien d'essayer de les aider, quelque chose de positif sortait de tout cela. J'allais également à des manifestations contre les agressions et l'exploitation sexuelles. Et cela aussi me faisait du bien. C'était mieux, bien mieux, que de toujours se cacher. Mes enfants voyaient un énorme changement chez moi.

— Tu es beaucoup plus heureuse, maman, m'a dit Naomi. Il n'y a plus cette espèce de voile sur tes yeux.

En 2013, on m'a diagnostiqué de l'arthrite psoriasique, maladie dont mon médecin m'a appris qu'elle avait été déclenchée par le stress de ces dernières années. Certains jours, je pouvais à peine bouger, j'avais besoin d'une canne juste pour me déplacer dans la maison. Une fois, coincée dans la baignoire, j'ai dû appeler mes enfants pour qu'ils me sortent de là. C'était humiliant, mais nous avons pris le parti d'en rire, et Ben et Josh ont gardé les yeux fermés !

— On a vécu pire, rigolait Ben.

Il avait raison. Nous avions vécu bien pire. L'hôpital m'avait donné un déambulateur, mais je refusais de m'en servir. C'était une maladie handicapante, mais je voulais apprendre à vivre avec. À bien des égards, j'avais l'impression que ma vie ne faisait que commencer. Quand mon psoriasis s'enflammait, j'étais couverte de plaques et de squames horribles qui m'obligeaient à aller à l'hôpital. Mais à la maison, la vie se déroulait normalement, je devais de nouveau arbitrer les différends entre les enfants, ranger les bols du petit déjeuner et préparer les repas du dimanche. C'était prévisible, routinier et joyeux. Tout ce que j'avais toujours désiré.

Le 10 mars 2014, on a frappé à ma porte.

— Je représente les autorités pénitentiaires, m'a dit la femme étrange qui se trouvait sur le seuil.

— Qui est mort ?

Elle a eu l'air surprise par ma brusquerie, mais elle a répondu :

— Votre mère.

C'était mon tour d'être sous le choc. Pour une fois, je n'ai rien trouvé à dire. Je ne m'attendais pas vraiment à avoir fait mouche. J'avais l'impression qu'elle venait de me balancer un uppercut.

— Entrez, entrez, ai-je fini par dire.

Une fois dans le salon, elle m'a expliqué que ma mère était atteinte d'un cancer déjà répandu à plusieurs organes, qui n'avait pas été diagnostiqué, mais qu'elle était morte d'une phlébite. Je n'avais pas eu de nouvelles depuis son incarcération, j'ignorais même qu'elle était malade. Elle était sortie de prison quelques jours plus tôt pour être prise en charge dans un hôpital de Manchester, où elle était morte.

— C'est tout ce que je sais, m'a dit la femme. Je suis désolée.

— Ne le soyez pas. Mais merci de m'avoir informée.

J'étais abasourdie que ma mère soit morte. Je la croyais indestructible. Elle qui tonitruait, aboyait des ordres et malmenait quiconque s'opposait à elle, j'avais pensé qu'elle me survivrait. Personne d'autre n'a été informé de son décès, les autorités carcérales n'ayant que mon adresse. Je ne savais pas s'il y avait eu quelqu'un près d'elle au moment de sa mort. John Wood était lui aussi en prison, bien sûr. Je n'avais de contact ni avec lui ni avec aucun autre proche.

Malgré mes réticences, j'ai envoyé des messages aux membres de ma famille et informé des funérailles sur Facebook. La cérémonie devait se dérouler au crématorium de Macclesfield, dans le Cheshire, et tout était organisé par les services administratifs de la prison. Sans comprendre exactement pourquoi, je me suis rendue aux funérailles. Tous mes enfants à part Ben ont également souhaité y assister. Il y avait une demi-douzaine d'autres membres de la famille avec nous.

Nous avons marché de la gare jusqu'au crématorium, sans aucune idée d'à quoi il fallait nous attendre. Jock n'était pas là, et John Wood n'avait pas été autorisé à sortir de prison parce que j'étais là. Je l'empêchais de venir aux funérailles de sa propre femme. Encore une bonne raison de me blâmer, en plus du reste. Juste avant la cérémonie, l'un de nos parents m'a dit :

— Tout le monde sait que si nous avions lavé notre linge sale en famille, elle ne serait pas morte. Tu l'as détruite.

J'étais stupéfaite.

— Mais il n'y avait pas de *famille*, ai-je protesté. C'est tout le problème.

Malgré tout, la culpabilité me rongeait. Peu importait ce qu'elle avait fait, je n'avais pas envie d'avoir sa mort sur la conscience. Les autres proches de ma mère m'ont complètement ignorée, comme si je sentais mauvais. Comme si c'était moi le problème. Pendant la cérémonie, le vicaire a lu des lettres d'autres prisonnières qui disaient quelle femme charmante c'était. J'avais l'impression d'être dans un univers parallèle, comme si je figurais dans un mauvais film.

Comment une femme ayant abusé de sa propre fille pouvait-elle être une femme tout à fait charmante ? Et pourquoi la famille prenait-elle son parti plutôt que le mien ? Une fois de plus, les insécurités et les doutes de mon enfance menaçaient de se frayer un chemin dans ma conscience et d'ébranler les fondations de la vie que je construisais pour les enfants et pour moi.

— *Ne les écoute pas*, m'a rassurée Christopher pendant que le pasteur prononçait la dernière prière. *Ils ne savent pas ce qu'ils disent.*

Ses mots m'ont consolée. Il me manquait tellement. Comme à tous les enterrements, il ne quittait pas mes pensées. Lorsque les rideaux se sont refermés devant le cercueil de ma mère, j'ai frissonné. C'était une fin appropriée pour un monstre comme elle, de brûler dans le feu de l'enfer. Et pourtant, je n'avais pas l'esprit de revanche. En sortant du crématorium, je me suis effondrée en larmes. J'avais comme toujours l'impression que c'était ma faute. Je l'avais mise en prison. J'avais ruiné sa réputation. J'avais peut-être signé son arrêt de mort, après tout.

— *Non*, m'a murmuré Christopher. *C'est elle qui l'a signé.*

15

Après le procès, on m'a conseillé de faire une demande d'indemnisation auprès d'une administration, en m'assurant que j'aurais droit à une petite somme. Je me disais que ça me permettrait sans doute d'emmener les enfants en vacances une semaine, peut-être même à l'étranger. L'argent n'avait jamais été une raison d'agir pour moi, jamais, mais j'avais envie de faire plaisir aux enfants.

À partir de là, on m'a dirigée vers un cabinet d'avocats qui a examiné le rôle des services sociaux pendant mon enfance. Les révélations de Marie au moment de procès s'étaient fait une belle place dans mon esprit. Et elles me restaient en travers de la gorge. L'idée, voire la seule suggestion, que mon calvaire aurait pu prendre fin si les services sociaux avaient agi, suffisait à me rendre folle de rage. J'avais l'impression qu'on m'avait volé ma vie. J'ai donné mandat aux avocats basés dans l'arrondissement d'Islington, à Londres, de me représenter.

— Ces histoires ne sont jamais toutes blanches ou toutes noires, Maureen, m'ont-ils prévenue. Mais on va faire notre possible.

Comme je le soupçonnais, ils ont découvert que les services sociaux s'étaient énormément impliqués dans la vie de ma famille, au fil des ans. Outre les nombreuses occasions dont je me souvenais, il y avait aussi un voisin qui leur avait signalé des problèmes. D'ailleurs, je me rappelais vaguement maman, furieuse, aller de porte en porte dans la rue pour savoir qui l'avait trahie.

— Je vais les tuer, hurlait-elle.

Tout se mettait en place. J'ai aussi appris que ma mère avait signalé aux services sociaux un voisin âgé en disant qu'il m'avait violée. Il devait s'agir du vieil homme dont je promenais souvent le chien. J'avais onze ans et j'étudiais la Seconde Guerre mondiale à l'école. Il me racontait des histoires fascinantes sur cette époque où il s'était battu pour le pays ; grâce à lui, les leçons prenaient vie. C'était un vieillard adorable, gentil, que je considérais comme le papi que je n'avais pas eu. Aujourd'hui, je suis presque certaine que je lui faisais de la peine. Il était une échappatoire aux horreurs de la maison. Et il n'a évidemment jamais posé la main sur moi. Mais maman l'avait signalé aux services sociaux, sans doute pour pouvoir se servir de lui comme d'un bouc émissaire. Elle se couvrait en cas de révélations de ma part. Comme si elle se préparait à d'éventuelles plaintes. C'était une menteuse fourbe, et il était fort possible qu'elle ait manipulé les faits sans l'ombre d'un remords pour notre pauvre voisin. Ou alors elle s'inquiétait que je me confie à cet homme et que je lui parle de ce que je subissais. C'était peut-être une façon de le discréditer. Ou encore, et c'était le plus probable, dans sa folie, elle ne pouvait imaginer qu'un vieil homme et une jeune fille aient un lien d'affection absolument innocent.

Quoi qu'il en soit, à sa demande, les services sociaux s'étaient penchés sur la question, et j'avais été interrogée et examinée. Je me souvenais d'une dame qui m'avait demandé si le voisin m'avait agressée sexuellement et à qui j'avais répondu : « Non », en me disant qu'une fois de plus on ne me posait pas les bonnes questions. Personne ne me demandait ce qui se passait à la maison. Personne ne me demandait si j'étais violée par mon frère, ma mère ou mon beau-père. Et sans aide extérieure, je ne pouvais pas parler. J'avais tellement besoin d'aide. Il y avait eu de nombreuses alarmes au fil des ans, tant de détails révélateurs que les travailleurs sociaux avaient négligés. Et il fallait ajouter à cela le fait qu'ils savaient que Jock violait quelqu'un. Ils savaient qu'il y avait une victime. Et même quand j'étais tombée enceinte, à treize ans, ils n'avaient pas eu la présence d'esprit de me demander s'il s'agissait de moi.

Pourquoi personne n'était-il capable de relier les points ? Pourquoi personne ne se souciait de moi ?

Je voulais des excuses. On aurait dû me placer et me protéger. Mes avocats étant d'accord, une procédure judiciaire a été lancée. Mais l'enquête était longue et difficile. Les différents services avaient du mal à retrouver mes dossiers, ça s'éternisait. J'ai dû voir deux psychiatres, un pour chaque camp. Naomi m'a accompagnée à chaque fois. Je détestais revenir sur le passé encore et encore, mais je tenais à ce que chacun soit placé devant ses responsabilités. Je voulais m'assurer que les autres enfants seraient mieux protégés à l'avenir et que personne ne passerait plus à travers les mailles du filet. Et pour moi qui avais survécu à trois procès face à des avocats impitoyables, ces rendez-vous avec des psys étaient presque une partie de plaisir !

Un jour de novembre 2015 où je me trouvais dans le bureau de mon avocat, les coups de fil partaient dans tous les sens. Je ne comprenais pas bien ce qui se passait ni quel genre d'accord on discutait.

À la fin, mon avocat s'est tourné vers moi :

— On a trouvé un accord pour éviter le tribunal. On espère que vous serez contente, Maureen. En fait, on est pratiquement sûrs que oui.

Le conseil du comté de Staffordshire m'offrait la somme mirobolante de deux cent mille livres. J'étais abasourdie. Je voulais seulement qu'ils admettent leurs torts, mais je n'allais pas cracher sur une somme pareille. J'étais absolument enchantée.

— Merci !

J'avais toujours dû gratter au fond de mes poches quand j'élevais mes enfants. Même partir un week-end au pays de Galles était impensable. Avec l'indemnité, j'avais espéré, peut-être, les emmener en vacances tout compris en Espagne ou au Portugal. Mais je leur avais toujours promis qu'un jour, si j'avais de l'argent, nous partirions en Amérique. C'était une blague récurrente entre nous. Depuis qu'ils étaient tout petits, on parcourait les brochures Disneyworld la bave aux lèvres, admiratifs des attractions.

— On va à celui-là ? disait Naomi en me montrant tel hôtel. Ou à celui-là ?

Quand j'avais plusieurs billets de dix livres, les enfants s'époumonaient :

— Ça y est, on va en Amérique !

C'était un rêve, rien de plus. Mais tout cela allait changer. Je suis rentrée à la maison en train avec le sourire d'une oreille à l'autre. À la maison, j'ai assis les enfants dans le salon pour leur annoncer la bonne nouvelle en personne. Pendant qu'ils s'installaient, j'ai vu que Michaela faisait de grands yeux ronds.

—Qu'est-ce qu'il y a, maman ?

Ses mots m'ont transpercée. Ils étaient tellement habitués à ce que je leur annonce de mauvaises nouvelles, des nouvelles inquiétantes voire traumatisantes. Ces dernières années n'avaient été qu'une succession d'épreuves pour notre famille.

Mais maintenant, nous irions de l'avant. Enfin, nous allions profiter de la vie.

—On part à Disneyland ! j'ai soudain hurlé en les prenant tous dans mes bras. On va dépenser, dépenser, dépenser !

On pleurait et on riait en même temps. À Noël, j'ai eu le premier versement de quatre-vingt-dix mille livres sur mon compte en banque. Je fixais l'écran du distributeur avec quelque chose comme de l'hébétude. Ça m'effrayait presque ; c'était une responsabilité, une telle somme. Bien sûr, je savais que je devais faire attention et économiser. Je devais investir dans l'immobilier ou en bourse, rester frugale et mesurée dans mon approche. Mais je savais aussi que la vie est courte et que mes enfants avaient trop souffert. Il était temps de s'amuser un peu, sans aucune ombre au tableau.

—Tant pis, j'ai dit en souriant. On va s'éclater !

Nous avons passé un Noël génial. J'ai emmené les enfants en ville et je leur achetais tout ce qu'ils voulaient. Ils ont eu des vêtements neufs, des casques, des smartphones et des ordinateurs. Uniquement des meilleures marques. Le genre de choses que je n'avais jamais pu leur offrir. Qu'il était loin, le temps où je luttais pour acheter un pyjama chez Primark et où je craignais de rencontrer ma mère dans la rue. Au Nouvel An, j'ai changé une bonne partie des meubles de la maison : un canapé, des chaises, une belle commode en chêne, des lits et une nouvelle salle de bains. Et pour faire bonne mesure, j'ai aussi pris des rideaux, des coussins, des tapis, du linge de lit, des lampes et des cadres.

— Et ça ? Ou ça ? demandait Naomi.

— Allez, on prend tout, décidais-je. Pourquoi pas ?

On riait comme deux hystériques tant la situation avait quelque chose d'irréel. Toute ma vie, j'avais vécu dans des affaires de seconde main récupérées auprès d'amis ou d'associations. Pour la première fois, j'avais des choses neuves. Tout brillait.

J'arrachais les étiquettes avec un grand sourire. À titre personnel, je me suis offert un beau cadeau : une cuisinière Aga avec un double four. J'avais passé des années à cuisiner mes repas de Noël familiaux dans un four simple. Je jonglais avec cinq casseroles sur quatre plaques, je devais rentrer de force les pommes de terre sur le côté de la dinde. Combien de fois avais-je maudit mon four au fil des ans ? Nous avions une relation d'amour-haine, car même si j'aimais cuisiner, il était trop petit et trop vieux. Bref, il avait vécu. Cela, pour moi, c'était le luxe ultime. J'avais l'impression d'être un grand chef. Le jour où ma nouvelle cuisinière est arrivée, j'ai préparé un grand rôti pour toute la famille, juste parce que je le pouvais.

— C'est génial, maman, m'ont dit les enfants. Très bon.

Ben avait son appartement à lui maintenant, comme Josh, et ils vivaient à deux pas. Je leur ai acheté des articles de cuisine et quelques meubles. J'étais contente de pouvoir les aider à s'installer. Certaines personnes trouveront peut-être que je dépensais à tort et à travers. Mais je ne suis pas d'accord. Voir mes enfants sourire n'avait pas de prix. Les aider à s'installer dans la vie, non plus. Quand la tranche suivante de l'indemnité est tombée, je suis allée directement dans une agence de voyages et j'ai dit à un monsieur exactement ce que je voulais. Cela faisait tellement de temps que je pensais à ce voyage !

— Je voudrais aller un mois en Floride, s'il vous plaît. Voyage en première classe.

J'ai réservé deux semaines au Swan and Dolphin Resort de Disneyworld, avec des tickets pour le parc à thèmes et une journée de nage avec les dauphins. Puis j'ai demandé deux semaines supplémentaires au Hard Rock Hotel des Studios Universal. En tout, il y en avait pour trente-cinq mille livres. L'homme en face de moi en était bouche bée. Je ne pouvais pas lui en vouloir. Moi-même, j'étais sous le choc.

— C'est une longue histoire, lui ai-je dit avec le sourire. Disons que mes enfants et moi, nous méritons un break.

Ensuite, il a fallu faire des courses pour le voyage, acheter des vêtements d'été, des chapeaux de soleil et des maillots de bain. Nous n'avions jamais pris l'avion. Les enfants n'étaient jamais allés à l'étranger. Et à part les premiers mois de ma vie sur une base aérienne en Allemagne, moi non plus. Comme nous n'avions même pas de passeport, j'ai dû faire une tonne de paperasse. Nous devions tous passer un entretien, sauf Michaela qui était encore une enfant. Le mien a été un peu compliqué par le fait que je ne connaissais pas la date de naissance de mon père. Même en ligne, je n'arrivais pas à trouver son extrait de naissance. Pour finir, j'ai réussi à le retrouver *via* son certificat de mariage, mais il m'a fallu jouer la détective pendant des semaines, avec l'angoisse que ma demande de passeport ne soit pas validée. Nos vacances étaient prévues pour août 2016. Les enfants étaient surexcités. Et moi aussi !

— Vivement ! Vivement !

Nous sommes allés à Heathrow avec deux jours d'avance, histoire de se mettre dans l'esprit des vacances. Le jour du vol, on nous a fait accéder au salon de la première classe, où on a été aux petits oignons pour nous. Pour moi qui étais habituée à servir tout le monde, c'était un changement agréable. J'ai eu droit à un petit déjeuner continental accompagné de champagne !

Je n'avais jamais vécu une chose pareille, et nous n'étions qu'à l'aéroport ! J'ai échangé discrètement mon champagne pour du jus d'orange et porté un toast avec les enfants.

— À Christopher. Il sera toujours dans nos cœurs.

— *Je suis toujours avec toi, maman. Tu le sais.*

Prendre l'avion me rendait nerveuse, mais en montant à bord, j'ai vu le nom de l'appareil, *Clochette*, qui était le surnom de Michaela, et j'y ai encore vu un signe envoyé par Christopher. Ça a suffi à me détendre. Nous nous sommes installés telles des stars dans les fauteuils de la première classe et nous avons profité du vol, qui s'est passé comme dans un rêve, là-haut au milieu des nuages. Je n'arrêtais pas de penser à mon premier-né, qui avait rendu cela possible. Pour un petit garçon qui n'avait vécu que trois semaines, son impact sur nos vies était époustouflant.

— Merci, mon fils, ai-je dit tout bas.

À l'arrivée, l'hôtel était fantastique, encore mieux que dans nos rêves. Nous avions deux chambres, une pour les garçons, une pour les filles. Et tous les jours, on s'éclatait. Mon arthrite me jouant des tours, je me contentais parfois de rester au bord de la piscine pendant que les enfants partaient au parc à thèmes. Mais je ne me plaignais pas. L'argent soulage de bien des souffrances ! Mon psoriasis réduisait au soleil, d'ailleurs. Nous avons fait des grands huit, nagé avec des dauphins et mangé des burgers aussi énormes que des roues de tracteur.

— Est-ce qu'on peut rester tout le temps ici ? demandait Michaela.

Quand notre mois s'est terminé, nous avons tous pleuré. Aucun de nous n'avait envie de rentrer. J'aurais pu rester là facilement un mois de plus. J'avais l'impression d'être la reine du monde, je passais du temps avec les enfants et je les gâtais comme je ne l'aurais jamais cru possible. Plus tard dans l'année, j'ai fini par être à court d'argent. J'avais beaucoup dépensé entre les vacances, les cadeaux et la rénovation de la maison. Mais ça ne m'a pas manqué. En ce qui me concernait, c'étaient de saines dépenses. Les gens m'ont souvent demandé si je regrettais de ne pas avoir plutôt investi. Ça me fait toujours sourire, parce que les souvenirs de ces vacances, de ce temps passé avec les enfants, nos éclats de rire… il ne pouvait y avoir meilleur investissement.

Épilogue

Et pendant que ma vie atteignait un stade d'euphorie inédit, que devenaient les gens qui avaient essayé de me détruire ? La date du 6 septembre 2012 s'était plantée à jamais dans mon cerveau. C'était le jour où le tribunal avait condamné Jock à passer exactement douze mois en prison. Je connaissais donc la date de sa libération aussi bien que si on me l'avait tatouée sur le bras. Le jour venu, j'étais étrangement nerveuse, comme s'il allait venir tout droit chez moi en sortant de sa cellule pour me dire sa façon de penser – ou pire. Je me souvenais d'une autre visite surprise qu'il m'avait faite, une fois :

— En souvenir du bon vieux temps, hein ?

Ce souvenir avait toujours autant le don de me mettre en rage. Mais une petite partie de moi, même si je ne l'aurais jamais avoué, continuait à avoir peur de lui. Ce jour-là, j'ai fermé à clé toutes les portes de la maison et je gardais mon téléphone en permanence avec moi. J'avais un sentiment de fatalité imminente. Mais il ne s'est rien passé. La journée s'est déroulée comme toutes les autres. Et je n'ai eu la lettre m'annonçant sa libération que trois semaines plus tard. C'était un peu comme la fois où j'avais croisé maman devant le Primark : une énorme montée de tension sans rien derrière.

En décembre, trois mois après sa libération, j'ai cru voir Jock à l'allumage des guirlandes dans le centre-ville de Stoke. J'étais sûr que c'était lui malgré l'obscurité. Je l'aurais reconnu n'importe où. Et c'était encore à Noël que l'angoisse me reprenait.

— Je rentre, j'ai mal à la tête, ai-je dit aux enfants.

Je me suis échappée avec un sentiment de malaise. Je ne voulais pas me rappeler tout cela. Comme j'ai appris plus tard que Jock vivait en ville, j'ai fait attention à toujours éviter le coin. Je ne vivais pas dans la peur, mais je n'avais pas envie de le croiser. Six ans plus tard, en février 2019, j'ai reçu une lettre m'informant que John Wood allait être libéré à son tour, et me demandant une réponse. J'avais tellement de pensées en tête que je ne savais même pas par où commencer.

— S'il vous plaît, faites en sorte qu'il ne puisse pas habiter près de chez moi. Je ne veux pas le voir.

Les semaines suivantes, j'ai été hantée par les cauchemars et les flash-back. Je voyais John Wood caressant son bouc et me fixant de ses yeux vitreux en me menaçant d'une voix glaciale : — N'en parle à personne, sinon je te tue. Je te tuerai, Maureen.

Mais ces cauchemars n'avaient plus la force de ceux d'avant le procès, et je savais que ce ne serait plus jamais le cas. L'horreur était toujours là, jamais je ne m'en débarrasserais, mais j'avais appris que parler permettait de l'atténuer. Exprimer mes hantises, libérer mes fantômes, me défaire du misérable petit tas de secrets, tout cela m'avait permis non seulement d'obtenir justice, mais de m'apaiser. Je m'étais sortie du piège.

John Wood a été libéré de prison en avril 2019. Peu après, une amie est venue me voir.

— Il vit à cinq minutes de chez toi, m'a-t-elle confié. Je l'ai vu entrer et sortir de sa maison.

J'en avais des frissons. J'étais en colère qu'il ne soit pas plus loin. Mais je refusais de baisser la tête. J'avais trop longtemps vécu dans la peur, je n'étais pas prête à recommencer. Un jour, Ben est rentré à la maison en me disant qu'il l'avait aperçu en train de faire des courses.

— Franchement, maman, j'ai dû me retenir pour ne pas aller lui hurler dessus. J'avais envie de le tuer, de lui faire du mal comme il nous en a fait.

Heureusement, Ben avait fait preuve de dignité et s'était contenté de passer son chemin. J'étais fière de lui.

— Tu es quelqu'un de bien, lui ai-je dit avec le sourire.

Trois mois plus tard, malheureusement, Mick, mon ex, est mort à l'âge de soixante-sept ans des suites d'une effroyable hémorragie cérébrale. Il était le père de mes enfants, et nous avions partagé énormément de choses ensemble. Je savais qu'il me manquerait, surtout à Noël, que nous passions toujours en famille. Et il m'avait beaucoup aidée tout au long des procès, lui aussi.

Les mois ont passé et je ne suis toujours pas tombée nez à nez avec John Wood ou Jock, mais en vérité j'évite d'aller dans le centre-ville, là où je sais qu'il habite. J'ai envie de croire que si jamais je les rencontrais, j'aurais le courage de les affronter. Mais pour être réaliste, je sais que je serais en panique et qu'il y a des chances pour que je m'enfuie. Je n'ai pas envie de savoir. J'ai fait ce que j'avais à faire, après tout, en les traînant devant la justice. Et je ne veux pas avoir sans cesse à y penser. Si je ne les recroise jamais, ce sera tant mieux. J'essaie toujours de penser le moins possible à eux pour me concentrer sur l'avenir. J'ai pour projet d'étudier la sociologie et la psychologie à l'université. J'aimerais aider d'autres survivants de maltraitances et d'agressions sexuelles. Comme Mary, comme Louise, je veux être là pour ceux qui ont complètement renoncé. Je pense que je sais un peu ce que c'est de se sentir abandonné. Et j'aimerais transmettre mon expérience.

Déjà, petite, je n'aimais pas partager le nom de famille de ma mère. Elle aussi s'appelait Maureen Wood. Quand je voyais son nom sur des lettres, je frémissais. Je détestais que nos noms nous relient. Est-ce que cela faisait de moi une personne comme elle, me demandais-je ? Allais-je devenir une adulte violente et dérangée ? En grandissant, cette hantise ne m'a pas quittée. Je ne voulais pas faire partie de cette famille, et je ne voulais pas de ce nom. Au tribunal, quand on l'a appelée, j'ai eu un frisson. Nous étions dans les deux camps opposés. Elle voulait des secrets et des mensonges. Alors pourquoi partager le même nom ? Et à ses funérailles aussi, quand j'ai vu son nom sur le cercueil, j'ai eu un mouvement de recul. Je ne voulais aucun lien avec elle. Je détestais tout ce qu'elle était. Quand son cercueil est entré dans le four, j'ai pensé que la plaque allait brûler elle aussi dans la fournaise, et ça me paraissait être une fin appropriée pour ce nom. Aucune association n'était possible avec le nom de Maureen Wood.

Bon débarras, me suis-je dit.

Il n'y avait pas de lien maternel. Je doute même qu'elle ait su ce que c'était. Pourtant, nous étions liées.

J'étais enchaînée comme une esclave à la femme que je méprisais le plus au monde, la femme qui m'avait trahie, piégée, livrée au mal.

— C'est fini, ai-je dit avec fermeté.

Et ainsi, j'ai décidé de reprendre le contrôle en changeant de nom.

Mais quel nom prendre ?

J'aurais pu choisir Donnelly, comme mon père biologique, mais il n'avait rien fait pour moi. Je ne l'aurais même pas reconnu si je l'avais croisé dans la rue. Il m'aurait semblé ridicule de prendre ce nom, nous n'avions jamais eu la moindre relation. Tout naturellement, un nom m'est venu en tête.

— Johnson, ai-je dit avec un sourire.

Et j'ai entendu la petite voix sur mon épaule me dire :

— *Oui, maman, c'est une belle idée.*

Mon lien avec Mary était précieux, viscéral et vrai. Nous n'étions pas liées par le sang, non. C'était plus fort, beaucoup plus fort que cela. Notre relation avait grandi, s'était épanouie non grâce aux gènes, mais grâce à l'amour. Mary avait tenu bon face à mes bouderies d'adolescente lors de ma première année de prise en charge. J'avais été une emmerdeuse de première, je la repoussais, mais rien n'y avait fait. Elle s'était accrochée. Elle m'avait livré une cuisinière quand je m'étais installée toute seule la première fois, et un lit pour Ben aussi. Elle m'avait aidée à faire le ménage. D'autres fois, elle m'avait apporté un sac de courses. Elle était l'épaule sur laquelle je pleurais, et le coup de pied aux fesses quand j'en avais besoin. Elle était calme et douce, et elle n'avait jamais cessé de me soutenir. Pour mes enfants, elle était tante Mary. Pour moi, elle était une mère de substitution.

En secret, quand j'étais jeune maman, je regrettais que Mary ne soit pas ma vraie mère. Je me souviens très bien d'une fois où Mary m'avait invitée à l'accompagner à une réunion de la paroisse avec ses filles. J'avais observé la fluidité de leurs rapports et les petits signes d'affection avec une pointe de jalousie. C'était ce que je voulais. Mary, grâce à sa formidable intuition, l'avait compris.

— J'ai compris ce jour-là que je voulais faire plus pour toi, que je voulais être quelqu'un pour toi, m'a-t-elle confié.

La relation maternelle était là, bien plus réelle et profonde que celle que j'avais eue avec ma propre mère. Quand j'étais allée trouver la police, Mary m'avait soutenue chaque jour. Et quand mes enfants avaient perdu leurs grands-parents, Mary était devenue leur mamie. Elle jouait ce rôle à merveille. C'était leur choix. Et Mary le prenait comme un honneur. Alors j'ai commencé à utiliser Johnson comme nom de famille. Juste sur les réseaux sociaux, au début. Et puis, au fil du temps, dans la vie de tous les jours. J'aimais comme ça sonnait, comme ça s'écrivait. C'était un pas de plus vers la nouvelle moi, une autre pièce du puzzle de ma vie.

Ensuite, j'ai abandonné Maureen. Maureen, Mo-Jo : je détestais. Ces noms me restaient coincés dans la gorge et m'étouffaient. Pour moi, Maureen était méchante, elle était cruelle. C'était ma mère. Tout ce que je ne veux pas être. J'ai commencé à m'appeler Tori à la place. Tori est l'abréviation de Victorious, inutile d'expliquer plus en détail. Pour moi, survivre, sourire et avoir l'amour de mes enfants sont les plus grandes victoires possibles.

Je me sens bénie malgré ce que j'ai traversé, parce que mes enfants m'ont épaulée tout au long du chemin.

Je regrette d'avoir parfois été une mère négligente. Je ne suis pas parfaite, mais j'essaye de m'améliorer. Je n'ai pas eu de relation amoureuse depuis Josie, il y a des années. Je n'ai pas renoncé à l'amour, mais j'accepte le fait que je ne suis peut-être pas faite pour les engagements à long terme. Et maintenant, à presque cinquante ans, ça ne me dérange pas tellement. Ma vie tourne autour de mes enfants – et de leurs enfants, aussi. J'ai trois petites-filles aujourd'hui qui font mon bonheur et m'obligent à rester alerte. Le dernier mot revient à mon fils aîné, Christopher, mon ange gardien, qui m'a sauvé la vie pas une, mais deux fois. Il m'a appris à aimer et à être forte. Je le sens aujourd'hui avec moi, qui me guide dans la vie.

— *Bravo, maman, bravo, je t'aime.*

Sa lumière brille toujours.

Remerciements

J'aimerais remercier mes enfants pour leur soutien sans faille quand je me battais pour la justice et pendant l'écriture de ce livre.

Hilda Hollinshead, ma mère de substitution. Tu m'as toujours soutenue, à chaque étape, depuis le jour où nous nous sommes rencontrées comme psychologue et patiente en 1990. Je ne serais pas celle que je suis aujourd'hui sans ton influence. Et aussi Jack Hollinstead, mon père de substitution.

Sue Sharp, ma confidente critique. Tu as toujours été là, même aux heures les plus sombres, et je t'en serai éternellement reconnaissante.

Janet Coope, merci d'avoir cru en moi et restauré ma foi dans la police et le système judiciaire britannique.

Les journalistes Joe et Ann Cusack, merci pour votre immense travail afin de m'aider à écrire ce livre ; et à Joe, qui a insisté – il n'a fallu que huit ans pour que je sois prête à m'y mettre.

À Kelly Ellis et son équipe chez HarperCollins, merci d'avoir accepté mon livre et d'avoir tout mis en œuvre pour le faire connaître.

Et enfin, merci à Kevin Pocklington, de la North Literary Agency.

Achevé d'imprimer en novembre 2021
sur les presses de la Nouvelle Imprimerie Laballery
58500 Clamecy
Numéro d'impression : 110549

Imprimé en France

La Nouvelle Imprimerie Laballery est titulaire de la marque Imprim'Vert®